**16**
Abnormal Psychology

# 성도착 장애와
# 성불편증

신희천 지음

_ 비뚤어진 성의 노예

학지사

# '이상심리학 시리즈'를 내며

21세기를 살아가는 우리는 급격한 변화와 치열한 경쟁으로 이루어진 현대사회에 적응해야 하는 커다란 심리적 부담을 안고 있다. 이러한 현실 속에서 현대인은 여러 가지 심리적 문제와 장애에 직면하게 될 가능성이 높다.

정신건강에 대한 사회적 관심이 증대되면서, 이상심리나 정신장애에 대해서 좀 더 정확하고 체계적인 지식을 접하고자 하는 사람들이 늘어나고 있다. 그러나 막상 전문서적을 접하게 되면, 난해한 용어와 복잡한 체계로 인해 쉽게 이해하기 어려운 것이 현실이다.

이번에 기획한 '이상심리학 시리즈'는 그동안 소수의 전문가에 의해 독점되다시피 한 이상심리학에 대한 지식을 일반 독자들에게 소개하기 위한 것이다. 이를 위해서 다양한 정신장애에 대한 최신의 연구 내용을 가능한 한 쉽게 풀어서 소개하려고 노력하였다.

'이상심리학 시리즈'는 서울대학교 심리학과 임상·상담 심리학 교실의 구성원이 주축이 되어 지난 2년간 기울인 노력의 결실이다. 그동안 까다로운 편집 지침에 따라 집필에 전념해준 집필자 모두에게 감사드린다. 아울러 어려운 출판 여건에도 불구하고 출간을 지원해주신 학지사 김진환 사장님과 한 권 한 권마다 좋은 책이 될 수 있도록 성심성의껏 편집을 해주신 편집부 여러분에게 고마움을 표한다.

인간의 마음은 오묘하여 때로는 "아는 게 병"이 될 수 있다. 그러나 이러한 우려보다는 "아는 게 힘"이 되어 보다 성숙하고 자유로운 삶을 이루어나갈 수 있는 독자 여러분의 지혜로움을 믿으면서, '이상심리학 시리즈'를 세상에 내놓는다.

서울대학교 심리학과 교수
원호택, 권석만

# 2판 머리말

우리 사회처럼 성과 관련된 담론이 건강하게 소통되지 못하는 상황에서는 개인의 성행동에 대한 최소한의 사회적 규준이나 원칙을 기대하기 어렵다. 또한 성교육과 성윤리를 습득할 기회가 제대로 주어지지 않는 여건에서 성에 대한 왜곡된 정보를 갖기도 하며, 자신의 성적 행동이 동시대의 타인들과 견주어 어느 정도 보편적이고 일반적인지조차도 알기 어렵다.

심리학과 정신의학에서는 비정상적인 방식으로 성적 충동을 느끼고 욕구를 해소하는 행동을 '성도착 장애'라고 진단한다. 흔히 '변태'라고 알고 있는 성도착 장애에는 여러 가지 유형이 있는데, 다른 사람의 성행위나 벗은 몸을 몰래 훔쳐보는 행위에만 집착하는 경우관음 장애부터, 이미 사망하였거나 죽어가고 있는 사람을 대상으로 성적 쾌감을 얻는 경우시체애호증에 이르기까지 다양하다. 노출 장애, 성애물 장애, 접촉마찰 장애, 성애 장애, 성적피학 장애, 성적가학 장애, 그리고 의상전환 장애 등이 성노착 상애에 포함된다.

건강한 성적 충동과 성행동은 심리적인 건강과 깊이 관련되어 있다. 육체와 정신이 합일된 성, 전체 인격과의 만남 속에서 이루어지는 성은 심리적 안정감, 정서적인 성숙, 성격의 발달과 깊은 관계가 있다. 성도착 장애 환자들은 건강한 성을 즐기지 못하는 비뚤어진 성의 노예다.

이 책에서는 감추어진 성의 영역 속에 나타나는 다양한 병리적 증상을 사례와 함께 소개하고, 성도착 장애의 원인을 심리학적인 관점에서 분석하며 치료방법을 제시하였다. 또한 최근 동성애와 관련하여 주목받고 있는 '성불편증'을 설명하고 치료 사례를 소개하였다.

부족한 책이 나오기까지 도움을 주셨던 이장호 선생님, 원호택 선생님께 감사드리며, 시작부터 끝까지 염려해 주신 권석만 선생님, 그리고 원고 수정을 도와주신 학지사의 이혜진 선생님께 감사드린다.

2017년

신희천

# 차례

'이상심리학 시리즈'를 내며 _ 3
2판 머리말 _ 5


# 1 성도착 장애란 무엇인가 ─ 11

1. 변태와 성도착 _ 13
2. 성도착 장애 _ 20
  1) 사례로 보는 성도착 장애 / 20
  2) 성도착 장애의 진단 / 24
  3) 성도착 장애의 유형과 특징 / 29
  4) 성도착 장애와 다른 장애의 구분 / 32
  5) 성도착 장애의 원인 / 34
  6) 성도착 장애의 치료 / 35
3. 관음 장애 _ 38
4. 노출 장애 _ 45
5. 접촉마찰 장애 _ 63

6. 성적피학 장애 _ 69

7. 성적가학 장애 _ 79

8. 아동성애 장애 _ 94

9. 성애물 장애 _ 105

10. 의상전환 장애 _ 118

11. 기타 성도착 장애 _ 128


**2** **성도착 장애의 원인과 치료 ― 143**

1. 전통적인 관점에서 본 원인 _ 145

2. 유형별 성도착 장애의 원인 _ 152

   1) 노출 장애와 관음 장애 / 152

   2) 성적가학 장애와 성적피학 장애 / 154

   3) 아동성애 장애 / 156

   4) 성애물 장애 / 158

   5) 의상전환 장애 / 160

3. 성도착 장애 치료의 개관 _ 162

4. 성도착 장애의 심리치료 _ 167

5. 성도착 장애의 입원치료 _ 174

6. 노출 장애의 치료 이론 _ 177

**3** 성불편증 ― 187

1. 사례로 보는 성불편증 _ 189

2. 성불편증의 진단 _ 199

3. 성불편증의 유형과 특징 _ 208

    1) 발달단계별 성불편증 / 208

    2) 성불편증의 부수적 특징 / 210

    3) 기타 성불편증 / 212

4. 성불편증의 원인과 치료 _ 217

    1) 성불편증의 유병률 및 경과 / 218

    2) 성불편증의 치료 및 예후 / 220

    3) 성불편증과 다른 장애와의 구분 / 220

5. 사례로 보는 성불편증의 치료 _ 222

    1) 사례에 대한 논의 / 242

    2) 병인론 / 249

    3) 치료 / 254

참고문헌 _ 261

찾아보기 _ 263

# 성도착 장애란
# 무엇인가

1. 변태와 성도착

2. 성도착 장애

3. 관음 장애

4. 노출 장애

5. 접촉마찰 장애

6. 성적피학 장애

7. 성적가학 장애

8. 아동성애 장애

9. 성애물 장애

10. 의상전환 장애

11. 기타 성도착 장애

# 1. 변태와 성도착

요즘 남자들 사이에서는 친한 친구를 부를 때 이름 대신에 성 뒤에 '변태'를 붙여서 각별한 친근감(?)을 보이는 경우가 있다. 부모님이 지어 주신 훌륭한 이름 대신에 서로 '김변태' '황변태' '신변태' 등으로 부르며 동질감을 느끼는지도 모른다. 때로는 행동이 그리 단정치 못한 친구에게 "저런 변태 같은 놈!"이란 수식어를 거리낌 없이 붙여 주기도 한다. 또한 일부 여성지의 성상담 코너에 종종 등장하는 질문 중에 "남편이 변태인 거 같아요."라며 호소하는 문제가 단골로 들어 있기도 하다.

이처럼 변태라는 단어는 일상생활에서특히 비공식적인 자리에서 종종 쓰이는 말로 '무언가 정상적인 행동에서 벗어나는 기이한 짓을 하는 사람'이라는 의미가 강조되어 쓰이고 있는 것처럼 보인다.

심리학과 정신의학에서는 변태라는 말 대신에 '성도착 장애'라는 용어를 사용한다. 변태라는 단어를 공식적으로 사용하지 않는 이유는, 변태라는 용어에는 거기에 해당되는 사람을 비난하는 의미와 편견이 담겨 있기 때문이다. 변태라는 용어가 지니는 어감에는, 변태적인 행동을 보이는 사람들을 이해하고 도우려 하기보다는 이상한 사람이나 위험한 사람으로 치부하여 피하고 조롱하는 대상으로 간주하겠다는 의도가 담겨 있을 수 있다. 어쩌면 이러한 의도에는 비난의 대상과 자신을 단절시킴으로써 내적인 결백감과 안도감을 찾으려는 욕구가 깔려 있는지도 모르겠다. 이 책에서는 변태 혹은 변태성욕이라는 용어 대신 주로 '성도착'이라는 공식적인 용어를 사용할 것이다. 여기서 잠깐 다음의 기사를 통해 '성도착'이라는 용어가 어떻게 쓰이고 있는지를 살펴보자.

1997년 1월 16일 경기도 하남시에서 엽기적인 살인사건이 일어났다. 세 살짜리 여자아이와 여섯 살짜리 여자아이가 야산 송전선 철탑 부근에서 숨진 채로 누워 있는 것을 약초를 캐러 온 사람이 발견하고 경찰에 신고하였다. 발견 당시 두 아이는 옷을 입은 채 낙엽으로 덮여 얼어붙은 상태였으며, 부근에서 빈 소주병과 요구르트병 5개가 발견되었다. 여섯 살짜리 여자아이는 하늘색 스웨터와 청색 바지를 입고 있었으나 빨간색 점퍼가 벗겨진 채 발견되었고, 세 살짜리 여자아이는 검은색과 하늘색이 섞인 바둑판 무늬 상의가 조금 위로 올려진 채 속옷이 드러나 있었다.

이 어린이들은 12월 27일 오후 2시경 집 부근 놀이터에 놀러 나간 뒤 돌아오지 않아 미아신고가 되어 있는 상태였다. 피해자의 아버지는 "놀이터에서 함께 놀던 다른 아이들이 '40~50대 아저씨가 두 아이를 차에 태워서 가는 것을 봤다'는 말을 들었다."고 말했다. 경찰은 시체 발견 지점에 빈 소주병과 요구르트병이 있었던 점과 협박 전화가 없었던 점으로 미루어 정신질환자나 '성도착' 환자가 아이를 살해한 뒤 시체를 유기한 것으로 보고 수사 중이다(동아일보, 1997. 1. 16.).

이런 엽기적이고 비인간적인 범죄를 통해 듣게 되는 성도착이라는 단어는 우리의 눈살을 찌푸리게 하고 혐오스럽게 만든다. 하지만 변태성욕 혹은 성도착이 반드시 우리와 전혀 다른 종류의 인간들이 갖고 있는 혐오스런 특징이라고만은 할 수 없다. 유명한 인물들 중에서도 변태성욕이나 성도착 증상을 보였던 사람들이 있다. 다음에 열거한 인물들의 공통점은 무엇일까? 아리스토텔레스, 플라톤, 다빈치, 소포클레스, 셰익스피어, 오스카 와일드, 지드, 프루스트, 모옴, 루소, 볼테

르, 차이코프스키, 스탕달, 베이컨, 키르케고르, 미셸 푸코 등. 이들은 모두 호모섹스를 즐겼던 인물들이라고 한다. 최근에는 동성애를 성적인 장애로 보지 않고 하나의 삶의 방식으로 간주하는 경향이 있어서 변태성욕이나 성도착 장애의 범주에 포함시키지는 않지만, 이들이 동성애자였다는 사실은 성性이 얼마나 비밀스럽고 사적인 영역에 해당되는가를 보여 준다.

때로는 한 개인의 성적인 문제가 사회 전체에 영향을 미치기도 하는데, 그 대표적 인물이 히틀러다. 20세기의 가장 악명 높은 지도자인 히틀러는 13년의 통치기간에 3,000여 만 명 이상을 죽음으로 내몰았다. 1930년대에 독일에서는 히틀러가 발기부전증 환자라는 소문이 나돌았다. "하일 히틀러!"라는 경례법과 대중 앞에서 손뼉 칠 때의 히틀러의 특이한 동작이 그런 소문을 나돌게 하였다고 한다. 많은 여배우가 히틀러와 동침하고 나서 비밀경찰에 의해 살해되거나 원인 모르게 죽었는데, 히틀러가 자신의 성적인 비밀이 퍼져나가지 않을까 하는 두려움 때문에 이들을 살해했다는 이야기도 있다.

히틀러의 기이한 성행동은 그가 성행위의 상대로 선택한 여자들을 보아도 알 수 있다. 히틀러는 40세 때, 나이 어린 조카 겔링과 2년 동안 내연의 관계를 맺었다. 그리고 어린 조카를 대상으로 상상할 수 있는 온갖 종류의 기묘한 누드화를 그리며 학대했다고 전해진다. 견디다 못한 겔링은 결국 권총으

로 자살을 하였다. 그녀가 자살한 후 히틀러는 에바 브라운이
라는 자기보다 23세 연하인 소녀를 상대하였다. 그녀는 지능
은 낮았지만 매우 아름다웠다고 한다. 다만, 그 여인에게 하나
의 결점이 있었는데, 그것은 질이 너무 얇아서 정상적인 성생
활이 불가능하다는 것이었다. 그녀는 여러 번의 수술을 받아
성공했지만 이를 성공시켜 좋아했던 산부인과 의사는 곧 살
해되었다. 히틀러가 인류 사회에 행한 잔악한 행동이 반드시
그의 성적인 도착에서 유래되었다고 말하기는 어렵지만, 히
틀러가 성에 있어서도 매우 특이한 취향을 지녔던 것은 분명
해 보인다.

　한편, 사회적으로 존경 받는 위치에 있는 사람들 중에서도
성도착자로 밝혀지는 경우가 있어 종종 우리를 놀라게 한다.


　　캐나다에서 살고 있는 62세의 전직 교사인 조지 캠프벨
　　은 비디오카메라를 설치한 구두를 신고 여성들에게 접근한
　　혐의로 경찰에 체포되었다. 미 주간지 『내셔널 이그재미너
　　National Examiner』에 따르면 캠프벨은 50여 명에 달하는 여자
　　들의 치마 속 풍경을 낱낱이 스케치한 2시간 분량의 비디오
　　테이프를 소지한 것으로 알려졌다. 그는 초소형 카메라 렌
　　즈를 구두 속에 장착하고 광학섬유 케이블을 바짓가랑이 사
　　이로 끌어올려 허리춤에 넣어 둔 카메라 본체와 연결시키는

교묘한 방법을 사용하였다. 캠프벨의 주요 목표물은 미니스커트를 입은 20대 여성들이었다. 그는 적당한 대상을 발견하면 즉시 다가가 카메라 렌즈 쪽 발을 여자 다리 사이로 슬쩍 집어넣은 채 시간을 벌었다고 한다. 하지만 이러한 그의 행동을 수상하게 여긴 시민의 신고로 그는 결국 체포되었다.

한편, 프랑스 경찰은 어린이에 대한 성도착자 일제 검거 작전을 펴서 집안에 수백 개의 음란 비디오를 소지한 가톨릭 신부를 체포한 바 있다. 모젤 주 동부 지역의 자택에서 체포된 신부의 집에서 압수된 비디오의 대부분은 어린 소년이 포함된 어린이에 대한 성도착 행위가 담긴 것으로 조사되어 많은 사람을 놀라게 하였다.

이 밖에도 상식을 뛰어넘는 성도착적 사건들은 우리를 경악하게 한다. 이런 이야기들을 접하면 다음과 같은 의문이 생긴다. 사람들은 왜 이런 기이한 방식으로 자신의 성적 욕구를 충족시키려 하는 걸까? 왜 하필이면 나이 어린아이들을 성적 대상으로 삼으려 하는 걸까? 왜 다른 사람의 배설이나 성교 장면을 훔쳐봐야지만 성적인 욕구가 충족되는 것일까? 이성이 아닌 동성에게 성적인 매력을 느끼는 이유는 무엇일까? 이러한 기이한 욕구를 느끼면 비정상인가?

이 책에서는 이러한 궁금증에 대한 대답을 찾아가려고 한다. 먼저 1부에서는 다양한 형태의 변태성욕 혹은 성도착 장애에 대해 살펴볼 것이다. 그리고 성도착 장애라는 진단을 내리기 위해서는 어떤 요건이 충족되어야 하는지를 알아보고, 각 성도착 증세에 해당되는 사례를 볼 것이다. 2부에서는 이러한 증상이 왜 생기는지에 대한 심리학, 정신의학의 답변을 다양한 시각에서 정리하였으며, 성도착 장애의 치료방법을 제시하고, 성공적인 치료 사례를 통해 성도착 장애가 어떠한 과정을 거쳐 극복되는지를 살펴볼 것이다. 끝으로 3부에서는 '성불편증'을 소개하고 그 원인과 치료방법을 다룰 것이다. ◈

# 2. 성도착 장애

## 1) 사례로 보는 성도착 장애

최근에 성도착 장애와 같은 심리성적 장애에 대한 관심이 크게 증가하고 있다. 많은 사람이 심리성적 장애에 관심을 갖게 된 이유는 무엇보다도 최근 들어 아동에 대한 성적 학대가 크게 늘고 있으며, 이에 대한 사람들의 경각심이 높아졌다는 데에서 찾을 수 있다. 또한 성과 관련된 범죄가 급증하고 있는 데다가 지금까지 성범죄의 발생률에 대한 공식적인 집계가 실제 발생률보다 과소평가되어 왔다는 사실이 밝혀지고 있기 때문이다. 실제로 성범죄는 우리 주변에서 심각한 사회문제로 드러나기도 한다. 여기서 우리 주변에서 발생한 한 가지 사건을 살펴보자.

사건은 안산시 A아파트 단지 내에 위치한 한 유치원원생 170여 명, 사건 발생 즉시 폐원에서 발생하였다. 유치원은 인근 지역에 좋은 유치원으로 소문이 나 있었으며 원장은 효자로 소문나 주변 어른들에게 상당한 신뢰를 받고 있었다. 원생 부모들의 절반 이상은 맞벌이 부부였으며, 부모들은 원장이 아이들을 성심성의껏 지도하고 있다고 믿고 있었다.

하루는 유치원에 다니는 7세 남자아이가 자꾸 아빠에게 성적인 행동을 하며 귀찮게 하자 아빠가 야단을 치고 왜 그러냐고 다그쳤다. 그러자 아이는 유치원에서 있었던 일을 얘기하였다. 아이의 설명에 따르면 원장이 아이의 성기를 만지고 입에 넣었으며 아이에게도 원장의 성기에 똑같이 하도록 하였는데, 이런 일은 한 달 전부터 서너 차례 있었다고 한다. 놀란 부모가 유치원을 방문하여 교사들에게 이 사실을 알렸으나 교사들은 반신반의하였고, 다른 부모들에게 알리기 위해 주소를 요구했으나 거절당했다.

이후 아이의 부모가 원장을 만나 사실을 추궁하자 원장은 잘못을 시인하면서도, 우리 사회에 아동의 성폭행 피해가 너무 많아 염려하던 차에 예방 차원에서 성교육을 연구하였는데 지나쳤던 것 같다고 변명하였다. 그러면서 원장은 어떠한 벌도 달게 받겠다고 하였다. 이때 학부모가 원장의 말을 녹음하여 유치원 학부모들에게 나누어 주자 피해

아동이 12명이나 더 있음이 밝혀졌다. 이 사건은 곧 언론에
보도되었다. 원장은 인터뷰를 통해 아이들이 성폭행에 방
치되었다는 생각에 오랜 연구기간 끝에 실험을 했을 뿐이라
고 주장하였다. 유아교육에 심취하다 보니 저지른 실수이며
학부모들의 주장은 전혀 사실 무근이라고 발뺌하였다.

　원아들의 진술 내용을 종합해 보면, 원장은 유치원 건물
안에 밀폐된(밖에서 볼 수 있는 문이 없음) 예절실을 만들어 놓고
예절교육 시간에 1~2명 내지 12~13명 정도의 아동에게 성
기 만지기, 성기를 입에 넣고 빨기를 놀이화하여 시키고 원
장의 성기에도 똑같이 하도록 하였으며, 아동에게 성행위를
흉내 내게 하여 나머지 아동에게 구경을 시켰다. 성기접촉,
삽입행위, 원장의 사정 등 이러한 모든 행위는 원장의 협박
하에서 이루어졌다. 이런 비인간적인 행각은 2~3년 전부터
행해졌으며 올해 들어 본격화된 것이다.

이 사건을 접하면서 많은 사람은 원장의 비도덕적이고 비
인간적인 행동에 대해 분노를 금치 못했다. 원장은 비정상적
인 심리구조를 가진, 소위 변태나 성도착 장애 환자가 아닐까
생각할 수도 있다. 이 원장은 성도착 장애 환자일까?
　이 사건의 경우 많은 사람은 '범죄자'가 성도착자일 것이라
는 걸 쉽게 알 수 있다. 범죄를 저지른 유치원 원장의 행동은

'아동성애 장애'라는 성도착 증상에 해당된다. 그러나 사실 어떤 성적인 행동을 도착으로 볼 것이냐 아니냐 하는 문제는 그리 간단하지 않다. 성도착 장애라는 의미에는 '일탈적인' 성적 행동이라는 전제가 깔려 있기 때문에 일탈과 정상이 지니는 경계의 모호함, 즉 무엇을 일탈로 볼 것인가 하는 문제를 해결하지 않고서는 성도착 장애를 정확히 정의할 수 없다. 그러면 어떤 성적 행동이 일탈된 것이고 어떤 성적 행동이 정상적인 것일까?

일탈된 성적 행동을 판단하는 기준은 시대와 문화에 따라 다르다. 조선시대 사대부의 엄격한 눈으로 보자면 오늘날 남녀 간의 다양한 성적 행동은 변태적 행위로 비추어질지도 모른다. 또한 같은 시대, 같은 문화라 할지라도 거기에 속한 사람들의 주관적인 가치에 따라 일탈의 범주는 상이하게 정의된다. 예를 들면, 성에 대해 보수적인 입장을 지닌 사람이 바라보는 동성애와 개방적이고 자유주의적인 시각을 가지고 있는 사람이 생각하는 동성애에 대한 태도는 너무도 상이하다. 따라서 일탈과 정상을 구분하는 영구적이고 절대적인 객관적 기준을 찾기란 무척 어려운 일이다.

## 2) 성도착 장애의 진단

레드리히와 프리드먼(1970)은 성도착 장애에 대해 "정상적인 성행위에서 만족될 수 없는 성적 욕구를 만족시키려는 대체로 습관적인 행동양식"이라는 정의를 사용한 바 있다. 그런데 이러한 정의에서 정상적인 성행위에서 만족될 수 없는 성적인 욕구란 무엇이며, 또 무엇이 정상적인 성행위인지 분명치 않다는 문제가 있다.

심리학과 정신의학에서 받아들이고 있는 일반적인 정의는 "비정상적인 대상, 행위 및 상황과 관련된 반복적이고 강한 성적 충동, 성적 환상 및 성적 행동이 사회적, 직업적 또는 기타 중요한 기능 영역에서 심각한 고통이나 장애를 일으키는 경우"라고 기술한다.

『정신장애의 진단 및 통계 편람 제4판 Diagnostic and Statistical Manual of Mental Disorders (4th ed.): DSM-IV』과 이번에 새로 개정된 『정신장애의 진단 및 통계 편람 제5판 Diagnostic and Statistical Manual of Mental Disorders (5th ed.): DSM-5』에서는 가능한 한 구체적인 행동적 지표를 통해 성도착 장애의 증상을 기술하려고 한다. 따라서 "보통 이성 간의 성교를 통해서 성적인 만족을 추구하려는 행동 이외의 성적 행위를 성도착으로 본다."와 같은 애매한 정의 대신에, 구체적인 진단범주를 제시하고 있다는 특징이 있

다. 이처럼 구체적인 기준을 열거하는 방식은 진단의 일치율
을 높여 줌으로써 주관적 판단이 배제된 객관적 진단을 가능
하게 한다.

 **성도착 장애의 진단기준** (DSM-IV; APA, 1994)

성도착 장애라는 진단을 내리기 위해서는 반드시 다음 중
2가지 경우에 해당되어야 한다.

1. 인간이 아닌 대상, 개인 자신이나 상대방의 고통이나 굴욕
   감, 아동이나 동의하지 않는 사람들을 포함하는 반복적이고
   강렬한 성적 환상, 성충동 및 성행동이 적어도 6개월 이상
   지속되는 경우
2. 일부 개인에 있어서 성도착증적인 환상이나 자극이 성적
   흥분을 일으키는 데 반드시 필요하며, 성행위를 할 때 항
   상 동반된다. 다른 경우, 성도착 장애가 간헐적으로만 나
   타나며예: 스트레스 기간 동안, 성도착증적인 공상이나 자극 없
   이도 성적으로 기능할 수 있다.
3. 이러한 성적 행동이나 충동, 환상이 임상적으로 심각한 고
   통이나 사회적, 직업적 또는 기타 중요한 영역에서 장애를
   일으키는 경우여야 한다.

\* DSM-5에서는 성도착 장애라는 큰 범주에 대한 진단기준
  이 없어 DSM-IV의 기준으로 대신한다.

성도착 장애의 진단기준은 지난 30년 동안 크게 변화하여 왔다. DSM-I(1952)에서 이 장애는 사회병질적 성격장애 sociopathic personality disturbance에 포함되었다. DSM-II(1968)에서 는 성격장애의 한 유형으로 구분됐으며, 소아기호증pedophilia, 성애물 장애fetishism와 같은 하위 유형들이 소개되었다. DSM-III(1980)에 와서 성적 변태sexual deviation는 성도착증paraphilias으로 개명되고 심리성적 장애psychosexual disorders라는 별개의 유목으로 분류되었다. 성도착증이라는 용어는 과거의 명칭들보다 편견이 배제된 명칭이라고 볼 수 있다.

DSM-III-R(1987)에서 주목할 만한 변화는 성도착증이 성적인 만족을 얻기 위해 가장 선호되는 혹은 유일한 수단이라는 기준을 배제하였다는 것이다. 따라서 '정상적인' 이성애를 선호하는 사람도 6개월 이상 공적인 장소에서 자신의 성기를 노출한다면 성도착증의 진단을 받게 되었다. DSM-IV에서는 진단기준에서 볼 수 있듯이 성도착에 대한 기준들이 세부적으로 점차 명확해졌으며, DSM-5에서는 각 장애마다 세분할 것을 추가하여 장애를 정밀하게 진단하도록 구체화하였다.

또한 DSM-5에서는 진단명이 성도착증에서 성도착 장애 paraphilic disorder로 변경되었다. 이러한 변경은 좀 더 광범위한 의미로서 성도착과 성도착 장애를 구분하기 위한 시도로 보인다.

DSM-5에서는 지정된 성도착 장애 각각의 준비된 진단기준에서, 기준 A는 성도착의 질적인 유형을 명시하고예: 아동에 대한 성적 초점, 낯선 사람에게 성기 노출, 기준 B는 성도착의 부정적인 결과들을 명시한다고통, 장애, 다른 사람의 손해고 설명한다.

성도착과 성도착 장애 간의 차이에 따라서, 진단diagnosis이라는 용어는 기준 A와 B 둘 다 해당하는 개인들을 위해 남겨둬야 했다고 언급한다성도착 장애를 가진 개인. 즉, 개인이 특정한 성도착에 대한 기준 A에 해당하나 기준 B에는 해당하지 않는다면, 그 사람은 성도착이지만 성도착 장애는 아니라고 말할 수 있다. 성도착 장애는 현재 개인에게 고통이나 장애를 야기하거나, 또는 그 사람의 만족이 다른 사람에게 개인적인 해를 입히거나 피해 위험을 수반해야 한다. 성도착은 성도착 장애를 가지기 위한 필요조건이지만 충분조건은 아니며, 성도착만으로는 필연적으로 임상적 개입을 요구하거나 성도착 장애라고 타당화되지 못한다.

DSM-5의 성도착 장애들관음 장애, 노출 장애, 접촉마찰 장애, 성적피학장애, 성적가학 장애, 아동성애 장애, 성애물 장애, 외상전환 장애은 전통적으로 2가지 이유 때문에 DSM의 명확한 진단기준에 지정되고 구체적인 목록으로 선정되었는데, ① 다른 성도착 장애예: 시체애호증, 분변애호증와 비교해서 상대적으로 흔하고, ② 일부는 개인의 만족을 위해 형사상 범죄로 분류되는 불건전하거나 다른 사람들에 잠재적인 손해를 주는 행동을 수반한다는 것이 그것이다.

성도착이라는 용어는 표현이 정상적이고, 신체적으로 성숙하며, 사람인 파트너의 동의를 가지고, 준비애무나 생식기의 자극 외의 어떤 강렬하고 집요한 성적 관심을 갖는 것을 의미한다. 그러나 '강렬하고 집요한'의 기준은 적용하기 어려울 수 있다. 이런 상황에서 성도착이라는 용어는 법, 종교, 관습에 따르는 전반적인 성적 관심normophilic sexual interests과 같거나 그보다 더 큰 어떤 성적 관심으로 정의될 수 있고, 또한 일반적으로 특정한 성도착들은 강렬한 성적 관심보다는 차별적인 preferential 성적 관심으로 더 잘 정의될 수 있다.

성도착 장애는 크게 2가지 범주로 구성된다. 장애의 첫 번째 범주는 '이례적 활동 선호'와 관련되고, 두 번째 범주는 '이례적 대상 선호'와 관련된다. 전자의 사례는 엉덩이 때리기, 채찍질, 잘라 내기, 묶기, 다른 사람 목 조르기에 강렬하고 집요한 관심, 또는 성교나 이에 상응하는 다른 사람과의 상호작용에 대한 관심을 포함할 수 있다. 후자의 사례는 말이나 개와 같은 일반 동물, 신발이나 고무로 만든 물건과 같은 무생물뿐만 아니라 어린이, 시체, 절단환자전체로서는에 대한 강렬하거나 차별적인 성적 관심을 포함할 수 있다.

### 3) 성도착 장애의 유형과 특징

성도착 장애적인 상상은 상대방에게 해를 입히는 방식으로 <sub>성적가학 장애와 아동성애 장애의 경우</sub> 동의하지 않는 상대에게 행동화 될 수 있다. 보고된 성범죄 행위의 상당 부분은 아동에 대한 성적인 가학이 차지하고 있으며, 체포된 성범죄자의 대부분 이 노출 장애, 아동성애 장애, 관음 장애다.

어떤 상황에서는 성도착 장애적인 상상이 실현되어 자해가 행해질 수도 있다<sub>성적피학 장애의 경우</sub>. 만약 성적 파트너가 평범하 지 않은 성행위를 수치스러워하거나 강한 반발심을 느끼거나 동조하지 않는다면 사회적 · 성적인 관계가 고통스럽게 된다. 따라서 노출 행위나 여성 물건 수집 같은 비정상적인 행위가 그 사람의 주요한 성적 활동이 되기도 한다. 이러한 사람들은 스스로 치료를 원하는 경우는 거의 없고, 그들의 행동으로 상 대방이나 사회와의 갈등이 초래될 경우에만 치료를 받게 되는 경향이 있다.

성도착 장애의 하위유형은 성도착적 행위의 대상이나 행동 특성에 따라 구분된다. 성도착 장애에는 노출 장애, 성애물 장 애, 접촉마찰 장애, 아동성애 장애, 성적피학 장애, 성적가학 장애, 의상전환 장애, 관음 장애 등이 포함된다. 이러한 행위 유형에 해당되지 않는 성도착 행위는 '달리 분류되지 않는 성

도착 장애'로 분류되며, 보통 흔히 발생되지 않는 성도착 장애
양상이 여기에 포함된다. 종종 하나 이상의 성도착 장애 양상
을 보이는 경우도 있다.

특정한 성도착 장애 내에서조차도 선호하는 자극은 개인마
다 매우 다양하다. 동의하는 상대방이 없는 경우에는 그들의
환상을 실현하기 위해 매춘부를 구하거나 원하지 않은 사람에
게 그들의 환상을 행동화할 수 있다.

성도착 장애가 있는 개인들은 원하는 성적 자극을 접촉하
게 해 주는 직업을 구하거나 취미나 자원봉사 등을 개발한다.
성애물 장애의 경우 여성용 속옷이나 구두를 판매하는 일을
하거나, 아동성애 장애의 경우 아동과 관계되는 활동을 하고,
성적가학 장애의 경우 응급차 운전사를 하기도 한다. 그들은
자신이 좋아하는 형태의 성도착 장애적 자극을 집중적으로 다
루는 사진이나 인쇄물을 선택하여 보고 읽고 모으는 경향이
있다. 이런 장애를 가진 사람들은 대부분 이러한 행동이 자신
을 괴롭히지 않으며, 그들의 유일한 문제는 그들의 행동에 대
해 다른 사람들의 반응 때문에 사회적 기능의 장애가 초래되
는 것이라고 주장한다.

이에 비해 어떤 성도착 장애 환자들은 사회적으로 용납되
지 않거나 부도덕한 것으로 여겨지는 비정상적인 성행위에 대
해 극단적인 죄의식과 수치심을 느낀다. 이들은 흔히 상호적

이고 애정이 넘치는 성행위 능력이 손상되어 있고, 성기능 부전이 나타난다. 또한 성격에 문제가 있어 심한 경우 성격장애로 진단받기도 한다. 우울 증상이 발생하기도 하는데, 성도착 장애의 빈도와 강도가 증가함에 따라 우울 증상도 심해지기도 한다.

성도착 장애를 측정하기 위한 몇 가지 방법이 있다. 그중 음경혈량 측정법은 시각적 · 청각적 자극에 반응하는 개인의 흥분 정도를 측정하는 방법으로 여러 가지의 성도착 장애를 평가하는 데 사용되어 왔다. 그러나 임상적 평가에서는 음경혈량 측정법의 신뢰도와 타당도는 확실하게 밝혀지지 않았고, 임상적 경험에 의하면 피검사자가 정신적 이미지를 조작함으로써 반응을 만들어 낼 수 있다고 알려져 있다.

한편, 성도착 장애가 의학적인 문제를 야기하는 경우도 흔하다. 무방비적인 빈번한 성교는 성적 질환에 감염되거나 그러한 질환을 전염시키는 결과를 초래한다. 가학적이거나 피학적인 행위는 가벼운 정도부터 생명을 위협하는 심각한 정도에 이르기까지 상해를 입히게 된다. 성도착 장애의 역학을 살펴보면 남성 대 여성의 비가 20:1로 추정되는 성적피학 장애를 제외하고는, 여성에게는 거의 진단되지 않는다. 성도착 장애는 대개 18세 이전에 발병하며, 3가지 이상의 도착증을 동시에 보인다. 15~25세 사이에 발병이 가장 많고 이후에는 감소한다.

성도착 장애는 일반적인 임상 장면에서는 거의 진단되지 않지만, 성도착 장애적인 외설물과 기구들을 거래하는 대규모의 상품시장은 성도착 장애의 유병률이 높다는 점을 시사한다. 성도착 장애를 치료하는 임상 장면에서 가장 흔하게 나타나는 문제는 아동성애 장애, 관음 장애, 노출 장애다. 반면, 성적피학 장애와 가학 장애는 드물게 보인다. 임상에서 보이는 성도착 장애가 있는 개인들의 약 반수가 결혼한 사람들이다.

## 4) 성도착 장애와 다른 장애의 구분

성도착 장애가 없는 사람은 성적인 흥분을 위해 성적인 공상이나 행동 또는 대상을 병적이지 않은 방식으로 사용한다는 점에서 성도착 장애가 있는 사람과 구별된다. 공상, 행위, 대상이 임상적으로 심각한 고통이나 장해예: 강제적, 성기능 부전 초래, 동의하지 않은 상대의 참여 요구, 법적 문제 야기, 사회관계 혼란 등를 일으키는 경우에만 성도착 장애로 진단 내려진다.

지적장애, 치매, 일반적인 의학적 상태로 인한 성격 변화, 약물중독, 조증삽화, 조현병에서는 판단력, 사회적 기술, 충동 조절이 저하되고, 드물게는 비정상적인 성행위를 일으키기도 한다. 이러한 경우는 비정상적인 성행위가 개인의 선호와는 관계가 없고, 강제적인 것이 아니며, 성적 증상이 이런 장애의 기간에만 일어나고, 반복적이지 않고 일시적이며, 나이가 든 후에 발생한다는 점에서 성도착 장애와 차이가 있다.

성도착 장애 환자들은 그들이 선호하는 성도착 장애적 관심의 차이에 따라 구별되지만 개인의 성적 선호가 하나 이상의 진단기준을 충족시킨다면 모두 진단이 가능하다. 노출 장애는 공중 방뇨와 구분되어야 하는데, 때로 공중 방뇨는 노출 장애를 해명하기 위해 이용되기도 한다. 성애물 장애와 의상전환 장애는 여성 의류와 관련이 있다. 성애물 장애는 성적 호기심의 초점이 의류예: 속옷 자체인 반면에, 의상전환 장애는 옷을 바꿔 입는 행위에 의해 성적 흥분이 유발된다. 의상전환 장애에서 나타나는 옷을 바꿔 입는 행위로 인한 성적 흥분은 성적피학 장애에서도 보인다. 이때 성적피학 장애에서는 의상전환 자체가 아니라 강요에 의해 옷을 바꿔 입는 행위로 발생하는 수치심이 성적 흥분을 자극시킨다.

옷을 바꿔 입는 행위는 성에 대한 불쾌감과 관련이 있다. 만일 성에 대한 불쾌감은 있으나 성불편증의 완전한 진단기준을 충족시키지는 않는다면, 성 불쾌감을 갖는 의상전환 장애라고 진단내리고, 성불편증의 진단기준을 충족시킨다면 심리성적 정체감 장애의 진단이 추가로 내려진다.

### 5) 성도착 장애의 원인

인격발달 과정 중 구순기나 항문기 수준에서 고착된 것으로 또는 오이디푸스 콤플렉스아버지에 의한 거세에 대한 공포와 관련시키는 역동적 설명이 있다. 어머니와의 이별 또는 어릴 때 받은 성적 폭행이 원인이 되기도 한다. 사회적 이론에서는 어렸을 때 성도착 환자에게 당했던 경험이나 대중매체의 영향 등이 원인적으로 작용한다고 한다. 학습 이론은 어릴 때 도착 행동에 대한 환상이 성장과정 중 타인과의 관계를 통해 억제되지 못하고 계속 발전되었기 때문이라고 본다. 대뇌 장애뇌파 등 신경학적 연성 징후, 경련 등, 호르몬 장애, 염색체 장애 등과 관련된다는 주장도 있다. 이 밖에도 다른 정신장애나 지적장애가 성도착 행동에 관련되기도 한다.

성도착 장애와 관련되는 공상과 행위는 아동기 또는 사춘기 초기에 시작되지만, 청소년기와 초기 성인기에 보다 구체화되고 정교화된다. 성도착 장애적 증상의 정교화와 내용 교정은 일생 동안 지속된다. 성도착 장애의 정의에 의하면 성도착 장애와 관련되는 공상이나 행위는 반복적이라는 특징이 있다. 많은 사람은 성도착 장애적 공상이 항상 존재하지만 공상의 빈도와 충동의 강도가 상당히 변화되는 기간이 있다고 보고한다.

이 장애는 만성적이고 평생 지속되지만 성도착 장애적 공상과 행위는 성인기에서 나이가 들어가면서 줄어드는 경우가 흔하다. 성도착 장애적 행위는 사회적 스트레스에 의해 증가되고, 다른 정신장애와 관련되어 나타나기도 하며, 성도착 장애에 빠질 기회가 많아질수록 증가된다.

발병연령이 어릴 때, 행위가 빈번할 때, 수치심이나 죄책감이 없을 때, 술 또는 약물남용이 있을 때에는 치료 예후가 좋지 않다. 반면에 정상적인 성행위의 과거력이 있을 때나 치료에 대한 욕구가 높을수록, 그리고 스스로 병원에 올 경우에는 예후가 좋다.

## 6) 성도착 장애의 치료

많은 성도착 장애 환자는 치료를 원하지 않는다. 따라서 대부분은 법적 문제인 범죄와 관련되어 있을 때 강제로 정신과 의사에게 오게 된다. 이 경우 환자에게는 치료에 대한 동기가 없어 적절한 치료가 이루어지기 어렵다. 그러나 환자가 협조한다면 정신분석적 정신치료 내지 통찰 정신치료 등이 효과가 있을 수 있다. 성도착 장애의 원인이 성기능 장애일 경우는 성치료도 보조치료로 사용될 수 있다. 나쁜 냄새나 전기자극 같은 혐오요법이나 행동치료도 효과가 있다.

성욕이 과다하여 위험할 때나 자위가 심할 때에는 성욕을 감퇴시키는 약물도 써 볼 수 있다. 최근에는 세로토닌계 약물도 시도되고 있다. 정신장애우울증, 조현병 등가 원인이 되어 나타나는 성도착 장애는 정신과 약물치료도 사용된다.

성도착 장애에는 무엇보다도 예방이 중요하다. 예방은 아동기의 성교육과 부모들에 대한 계몽을 통해 가장 잘 수행될 수 있다. 국내 사건·사고 기사를 통해 치료에 대한 사례를 정리해 보도록 하자.

국내 성범죄자 10명 중 6명은 성도착 상태라는 조사 결과가 나왔다. 비정상적인 성적 환상이나 욕망을 계속 갖고, 이와 관련된 행위를 한다는 얘기다.

단국대 의대 정신건강의학과 임명호 교수팀이 지난 2011년 당시 치료감호소에 수감 중인 성범죄자 50명을 대상으로 일대일 면접조사를 한 결과, 32명(64%)가 성도착 상태로 진단되었다고 지난달 밝혔다. 당시 조사 대상 성범죄자들의 평균 나이는 37.3세였는데 모두 남성으로, 47명(94%)이 정신과적 질환을 앓고 있었다. 그중 성도착 장애가 32명(64%)으로 가장 많았다. 일반적인 정신질환보다 상태가 심각한 '반사회적 인격장애'가 동반된 경우는 16명(32%)이었다. 이 질환은 진단과 치료가 어렵고 그대로 뇌

둘 경우 불특정 다수를 대상으로 한 대형 범죄로 비화하는 게 특징이다. 연구팀은 대부분의 성적 비행행동이 15~25세에 정점을 나타낸다는 외국의 연구결과로 볼 때 상당수 성범죄자가 10년 이상의 문제행동이 나타난 이후에야 법망에 걸려 수감되는 것으로 추정했다. 임 교수는 "국내에서 감호소에 수감된 성범죄자를 대상으로 정신과적 질환을 진단한 것은 이번이 처음"이라며 "성범죄자에 대한 전자발찌나 신상공개, 화학적 거세 등은 근본적 해결책이 아닌 만큼 왜곡된 성의식과 성행동, 정신병리를 토대로 성범죄자에게 근본적이고 개별적인 접근이 필요하다."고 말했다. ❖

# 3. 관음 장애

관음 장애는 옷을 벗는 과정에 있거나 성행위 중에 있는, 옷을 벗은 대상을 관찰하는 행위다. 이때 상대방은 보통 낯선 사람이며 전혀 눈치 채지 못하고 있다. 바라보는 행위엿보기는 성적 흥분을 얻기 위한 것이며, 일반적으로 피관찰자와의 성행위는 시도되지 않는다. 대개 자위행위로 일어나는 절정감은 관음 행위 중이나 나중에 목격한 내용을 기억할 때 일어난다.

흔히 피관찰자와 성행위를 하는 상상이 있긴 하지만, 실제로 발생되는 경우는 매우 드물다. 심한 경우 엿보기가 성행위의 유일한 형태가 된다. 관음증적 행동의 발병이 15세 이전에 시작되면 대개 만성화되는 경향이 있다.

DSM-5에서는 대상의 연령이 18세 이상이라는 기준이 추가되었다. 또한 대상이 관음증적인 행동의 기회가 제한되는 장소즉, 관음증적인 행동을 하기에 통제된 환경에서 생활하는지 세분하

**관음 장애의 진단기준** (DSM-5; APA, 2013)

A. 벌거벗거나 옷을 벗는 과정에 있거나 성행위 중에 있는, 전혀 눈치 채지 못한 타인을 관찰하는 행위로부터 성적 흥분을 강하게 일으키는 공상, 성적 충동, 성적 행동이 반복되며, 적어도 6개월 이상 지속된다.

B. 동의하지 않은 사람에 대한 성적 공상, 성적 충동, 성적 행동은 임상적으로 심각한 고통이나 사회적, 직업적 또는 다른 중요한 기능 영역에서 장애를 초래한다.

**DSM-5에서 달라진 진단 및 평가**

C. 충동에 따른 영향이나 흥분을 경험하는 개인은 적어도 18세다.

**세분할 것**

• 통제된 환경: 관음증적인 행동에 관여하는 기회가 제한되는 다른 장소나 또는 기관에서 생활하는 개인에게 적용된다.

• 완전한 완화: 통제되지 않은 환경에서 최소 5년 동안 동의하지 않은 사람에게 충동 행동을 하지 않고, 사회적, 직업적 또는 다른 중요한 기능 영역에서 고통이나 장애를 갖지 않는다.

고, 통제되지 않은 환경에서 최소 5년 동안 동의하지 않은 사람에게 충동 행동을 하지 않고, 사회적, 직업적 또는 다른 중요한 기능 영역에서 고통이나 장애를 갖지 않는다면 완전하게 완화되었음을 세분할 것을 추가하였다.

25세의 남성 사업가 J는 벌거벗은 여자나 성교 중인 여자를 훔쳐보고자 하는 반복적인 욕구 때문에 정신과를 찾았다. J는 과거에 이러한 행동으로 체포된 적이 있었고, 직장 인사과에서 그러한 사실을 알게 되었다. 그는 직장으로부터 그러한 문제를 해결하기 위해 의무적으로 치료받아야 하며 그러한 행동이 반복될 경우에 직장에서 쫓겨날 것이라는 경고를 받았다. 하지만 J는 전문적인 도움을 구하지 않았고 계속해서 관음증적 행동을 하였다. 최근에 그는 다시 경찰에 잡힐 뻔했으며 이로 인해 정신과를 찾았다.

J는 성적인 파트너에게 매력을 주는 데 아무런 지장이 없을 만큼 잘생기고 말도 잘한다. 그는 여자와 자주 데이트를 하고 여러 명의 여자와 일주일에 한두 번 정도 성관계를 맺었다. 하지만 J는 자신을 흥분시키는 독특한 상황에 자주 빠져들었다. 그는 고성능 쌍안경을 가지고 인근 아파트를 훔쳐보았다. 가끔 노력의 대가를 얻었지만 대개는 그러지 못했다. 그러면 그는 자기가 사는 아파트를 나서서 커다란 아파트 건물 옥상으로 가서는 벌거벗은 여자나 성행위를 하는 여자를 발견할 때까지 찾아 헤맸다. 그는 쌍안경으로 훔쳐

보다가 아파트 안으로 들어가고 싶은 충동이나 강간하고 싶은 충동을 경험하지는 않았으며, 이들을 보면서 자위행위를 하고 오르가슴을 느낀 후에는 집으로 돌아왔다.

그는 여러 차례 아파트 경비원으로부터 강도로 오인받아 거의 붙잡힐 뻔하기도 했다. 한번은 쇠몽둥이를 휘두르는 남자에게 쫓겨 데이트 구역에서 쫓겨나기도 했으며, 또 한번은 시골에서 침실 창문 안을 엿보다가 발각되어 총을 맞을 뻔하기도 했다.

J는 3명의 누나들과 함께 자랐다. 아버지는 청교도적이고 신앙심이 깊었으며 엄격했다. 어머니는 반대로 정이 많고 애정표현을 잘하며, J에게는 그렇지 않았지만 남자들에게 다소 경박스러운 여자였다. 그는 자신을 엄마의 가장 사랑하는 아들이라고 느꼈고 엄마에 필적할 만한 여자와 사랑을 하지 못할 것 같아 걱정을 했다. 그는 한 번도 사랑에 빠진 적이 없으며, 여자들과 일정 기간 깊은 애착관계를 경험하지 못했다.

J의 가족들은 성적으로 엄격하였다. 가족들은 서로가 보는 앞에서는 옷도 갈아입지 않았다. 그리고 부모는 성애적으로 보일 가능성이 있는 모든 애정표현을 피했다. 그럼에도 J는 7세에서 10세 사이에 엄마나 누나들이 옷을 벗은 모습을 가능한 한 많이 보려고 하였다고 기억했다.

J는 10세 때 여름캠프에서 다른 많은 남자아이와 함께 '훔쳐보기'를 시작했다. 하지만 다른 아이들은 성교에 흥미를 보이기 시작하면서 훔쳐보기에 대한 흥미가 줄어드는 것처럼 보인 반면, 왜 자기에게는 훔쳐보기라는 특정한 자극이 계속 독특한 끌림을 주는지 알지 못했다. 그는 11세 이후부터 성적으로 자극적인 장면을 찾아보려고 쌍안경을 사용하기 시작했지만, 17세가 될 때까지는 집 밖에서 그러지는 않았다.

J는 심리적인 스트레스와 관음증적 행동 사이에 어떤 관계가 있다는 걸 알게 되었다. 예를 들어, 부모님으로부터 독립하여 나온다거나, 대학에서 학기를 마칠 때처럼 인생의 중요한 변화가 있는 시점에서 관음증 행위가 늘었다. 하지만 성교를 하는 데 대한 불안과 관음적 행위에 빠지고 싶은 충동 간에는 어떠한 관련성도 발견하지 못했다. 그는 가끔 관음적인 상황에서 불안을 느끼지만 그러한 불안은 체포될까 봐 느끼는 불안이었다. 그는 자신의 관음증에 대해 아무런 죄의식이나 부끄러움을 느끼지 않았으며, 그것이 아무런 해가 되지 않는다고 생각한다. 하지만 자신의 그러한 성행동을 바꾸지 않으면 언젠가는 감옥에 가게 될 것이라는 걱정을 하고 있고, 그러한 걱정 때문에 전문적인 도움을 찾은 것이다.

J는 성적인 흥분에 도달하기 위해 반복적으로 관음적 행동에 빠지는 것이 분명하다. 반복적이고 강렬한 관음적 충동에 따라 행동하거나 그러한 충동으로 인해 뚜렷이 고통받을 때 관음 장애라는 진단이 가능하다.

많은 사람이 관음적인 충동을 가지고 있다. 그러나 뜻하지 않게 이웃 사람의 발가벗은 모습을 보거나 누군가가 볼 수도 있다는 것을 모르는 체하며 배우들이 찍은 포르노를 보고 성적으로 흥분된 적이 있다고 해서 관음 장애라고 진단을 내리지는 않는다. 하지만 J의 경우, 충동이 반복적이고 강렬하며 계속해서 관음증적 행동을 하다가는 큰일이 날 수 있다는 걸 알고 있으면서도 그러한 충동이 일어나는 상태다. 이 사례는 성도착 장애를 보이는 사람들도 도착적이지 않은 이성애적 성교를 통해서도 쾌락을 얻을 수 있다는 것을 보여 준다.

추가적으로 국내 사건·사고 기사를 통해 사례를 정리해 보도록 하자.

검찰은 또 아파트에 몰래 침입해 혼자 있는 여성을 성폭행하려다 미수에 그치고, 열린 창문 등을 통해 혼자 있는 여성을 지속적으로 훔쳐본 대학생 C를 구속기소하면서 성충동 약물치료 명령을 함께 청구했다고 밝혔다. C는 지난 밤 아파트 12층까지 올라간 뒤 계단을 통해 내려오다가 혼자

거실에서 TV를 보고 있던 여성을 발견하고 안으로 침입해 성폭행하려다 미수에 그친 혐의를 받고 있다. 그는 또 복도식 아파트를 돌아다니며 열린 창문을 통해 여성을 훔쳐보기도 했던 것으로 전해졌다. C도 정신감정 결과 '관음증' 판정을 받았다. ◆

**더 알아보기**

### 관음 장애

관음 장애에 대한 사례들은 옷을 입은 혹은 입지 않은 모습, 성관계, 소변이나 대변을 보는 것에 성적 흥분을 느끼는 것을 포함한다. 시대가 발전하면서 값싸고 쉽게 은폐할 수 있는 전자 기기들의 유통이 증가하면서 관음 장애 환자들이 낯선 사람들을 볼 기회의 범위가 넓어졌다. 몇몇 관음 장애의 사례에서는 관음 장애가 공중화장실 칸들의 칸막이 위 혹은 아래에 휴대폰 카메라를 고정하거나 피해자들의 화장실에 소형 카메라를 숨기는 행동으로 나타났다.

# 4. 노출 장애

　노출 장애는 낯선 사람에게 성기를 노출시키는 것이다. 때로는 성기를 노출시키면서 또는 노출시켰다는 상상을 하면서 자위행위를 하기도 한다. 이들이 이러한 충동을 행동화하는 경우 낯선 사람과 성행위를 하려는 시도는 없다는 특징이 있다. 이들은 보는 사람을 놀라게 하거나 충격을 주려는 자신의 욕구를 인식하고 있기도 하고, 바라보고 있는 사람이 성적으로 흥분을 일으키게 될 것이라는 상상을 하기도 한다.

　노출 장애는 보통 18세 이전에 발병되며, 그 이후에도 시작될 수 있다. 나이 든 사람들이 이 문제로 구속된 적이 거의 없는 점으로 미루어 보아 40세 이후에는 상태가 보다 완화되는 것으로 보인다.

　DSM-5에서는 노출 대상의 연령에 따라 세분하는 기준이 추가되었다. 노출의 대상이 사춘기 전 어린이인지, 신체적으

**노출 장애의 진단기준** (DSM-5; APA, 2013)

A. 낯선 사람에게 성기를 노출시키는 행위를 중심으로, 성적인 흥분을 강하게 일으키는 공상, 성적 충동, 성적 행동이 반복되며, 적어도 6개월 이상 지속된다.
B. 이러한 성적 공상, 성적 충동, 성적 행동이 임상적으로 심각한 고통이나 사회적, 직업적 또는 기타 중요한 기능 영역에서 장애를 초래한다.

 **DSM-5에서 달라진 진단 및 평가**

세분할 것
• 사춘기 전 어린이에게 성기를 노출함으로써 성적으로 흥분하는지
• 신체적으로 성숙한 사람에게 성기를 노출함으로써 성적으로 흥분하는지
• 사춘기 전 어린이와 신체적으로 성숙한 사람 모두에게 성기를 노출함으로써 성적으로 흥분하는지

세분할 것
• 통제된 환경: 성기를 노출하는 기회가 제한되는 다른 장소나 또는 기관에서 생활하는 개인에게 적용된다.
• 완전한 완화: 통제되지 않은 환경에서 최소 5년 동안 동의하지 않은 사람에게 충동 행동을 하지 않고, 사회적, 직업적 또는 다른 중요한 기능 영역에서 고통이나 장애를 갖지 않는다.

로 성숙한 사람인지, 이 둘 다인지를 세분한다. 또한 대상이
노출증적인 행동의 기회가 제한되는 장소 즉, 노출증적인 행동을 하기
에 통제된 환경에서 생활하는지 세분하고, 통제되지 않은 환경에
서 최소 5년 동안 동의하지 않은 사람에게 충동 행동을 하지
않고, 사회적, 직업적 또는 다른 중요한 기능 영역에서 고통이
나 장애를 갖지 않는다면 완전하게 완화되었음을 세분할 것을
추가하였다.

한 환자의 예로 노출 장애의 특징과 진단근거를 찾아보자.


27세의 기술공인 L은 낯선 여성들 앞에서 자신의 성기를
보이고 싶은 참을 수 없는 충동을 느껴서 상담을 받게 되었
다. L은 전통적인 유교적 집안에서 자랐다. 어려서부터 부
모님은 성욕은 '더러운' 것이라고 비난하곤 했다. 교직자인
아버지는 상당히 권위적이고 처벌적이었으며 가정에는 무
관심한 편이었다. 어머니는 주부로 지배적이고 자식을 통제
하려 들었으며 나서는 스타일이었다. 또한 어머니는 청결
에 집착하였으며 L이 10세 때까지 손수 목욕을 시켰다. L의
기억에 따르면, 목욕하는 동안에 엄마가 있는데 발기를 할
까 봐 두려웠다고 한다. 하지만 실제로 그런 일은 일어나지
않았다.

L의 엄마는 L이 사춘기 때 여학생을 만나거나 교제하는

것을 반대했다. 어머니는 "여자를 집으로 데려올 적당한 때는 이 여자가 아내다 싶을 때지, 그 이전에는 절대로 안 된다."는 입장이었다. 하지만 이렇게 어머니는 반성욕적 가치를 가졌음에도 L이 있는 데서 심하게 노출한 채로 집 안을 돌아다니곤 했다. 창피하게도 L은 이러한 자극으로 성적으로 흥분하고 있는 자신을 발견하였는데, 이러한 일은 그가 커가는 동안 빈번하게 일어났다.

사춘기 때 L은 조용했으며 위축되었고 공부에만 파고들었다. 선생님들은 그런 그를 '모범생'이라 불렀다. 그는 여학생들에게 친절하게 대했지만 친하지는 않았다. 사춘기는 13세에 시작되었고, 그의 첫 번째 사정은 13세 때의 몽정이었다. 죄책감 때문에 그는 자위를 하고픈 유혹을 물리쳤으며, 18세 때까지 오르가슴은 몽정을 통해서만 생겼다.

그는 25세에 집을 나와 독립할 때까지 변변한 연애 한 번 해 보지 못했다. 그 후 2년 동안 이따금씩 데이트를 했지만 그동안 너무 억압되어 있었기 때문에 성적인 행동을 시도해 볼 수 없었다.

18세 때 L은 자신도 알 수 없는 이유로 기말고사를 보기 전 주말에 자신의 성기를 노출하고 싶은 강렬한 충동을 처음으로 경험했다. 그는 자기가 알지 못하는 여성과 단 둘이 있는 상황을 찾아 헤맸다. L은 혼자 있는 여자에게 다가가려고 할 때면 성적인 흥분을 느꼈다. 그러면 그는 그 여자에게 다가가서 그의 발기된 성기를 내보였다. 그는 그때 여자의 경악하는 모습이 자신을 더 흥분을 시킨다는 것을 알게 되었고, 그러고 나서 영락없이 사정을 하곤 했다. 그는 자위를 하면서 과거에 마주쳤던 여자들에 대한 환상을 떠올리기도 했다.

그는 노출행위를 한 뒤에는 죄책감과 부끄러움을 느꼈고 다시는 그런 짓을 하지 않겠다고 맹세했다. 그럼에도 욕구는 그를 압도하는 경우가 많았고, 참다못해 다시금 노출행위를 하곤 했다. 그는 절망스러웠지만 너무 부끄러워서 전문가의 도움을 구하지도 못했다. 한번은 경찰에 체포될 뻔하다가 간신히 도망친 적도 있다.

지난 3년 동안 L은 노출하고 싶은 충동을 가까스로 억제할 수 있었다. 그러다 최근에 그는 자기를 사랑하는 한 여성을 만났는데 그녀가 L에게 성관계를 요구했다. 이전에 한 번도 성교를 해 본 적이 없었던 L은 실패할까 봐 겁에 질렸다. 그는 자기의 잠정적인 섹스 파트너를 좋아하고 존중하지만, 한편으로는 결혼도 하기 전에 관계를 맺고자 하는 그녀를 비난했다.

그는 치료를 받는 동안에도 노출 행위를 한 적이 있는데, 만약에 그만두지 않는다면 결국 체포되고 말 것이라는 두려움을 느끼고 있다.

이 사례는 환자가 노출 장애에 걸리게 된 데 영향을 준 어릴 때의 경험을 자세히 다루고 있다. L은 자신의 성기를 낯선 사람에게 보여 주고 싶은 반복적인 충동이나 성적으로 흥분되는 환상으로 인해 고통을 받고 있으므로 노출 장애라고 진단할 수 있다. 또 다른 사례를 통해 노출 장애의 원인과 발병, 경과와 특징을 알아보자.

34세의 남성인 P는 몇 년 동안 계속된 성적인 문제로 치료를 받으러 왔다. 치료를 받게 된 직접적 계기는 강간 혐의로 경찰에 체포되었기 때문이다. 사건은 이렇다. 어느 날 P는 차를 몰고 가던 중 고장 난 차를 발견하였는데, 한 여성이 자동차 후드를 올리고 엔진을 살펴보고 있었다. P는 차를 멈추고 여자를 도와주었다. 여자가 그에게 감사를 표하자 P는 갑자기 여자를 가까이 당기면서 엉덩이를 애무하려 하였다. 그러자 여자는 그를 밀쳐 냈고 P는 그 상태에서 성기를 꺼내 자위를 하기 시작했다. 여자는 기겁을 하고 도망쳤으며 P는 쫓아가지 않았다. 그날 밤 늦게 경찰이 집으로 찾아와 그를 체포하였다.

P는 사춘기 초기부터 성적으로 일탈된 행동을 보이곤 했

다. 그러한 일탈된 성행위는 2가지였다. 하나는 쇼핑센터나 지하철 같은 사람들이 많이 모이는 장소에서 성기를 여자의 엉덩이에 밀착하고 비비는 것이다. 이런 종류의 성기마찰은 '접촉마찰 장애'에 해당된다. P의 또 다른 성적 일탈은 노출 행위였다. P는 한산한 버스의 뒷 자석에 앉아서 여자들을 쳐다보며 자위를 하곤 했다. 그는 직접 성기를 노출하지는 않았지만 지나가는 여자들이 차 안에 있는 자기를 봐 주기를 바랐다.

P가 정확히 기억하고 있는 첫 번째 일탈은 어느 비 오는 토요일 축구 경기장에서였다. 그는 우비를 입고 있었고 옆에는 아는 여학생이 앉아 있었다. 그는 성적으로 흥분하는 걸 느꼈고 자위를 하면서 오르가슴을 느꼈지만 아무도 알아채지는 못했다. 그때 이후로 그는 꽤 규칙적으로 1년에 20번 정도 마찰행위와 도착행위를 해 왔다.

P는 시험기간이나 직장에서 압력을 받을 때처럼 스트레스를 많이 받게 되면 노출 충동이 더 높아졌다고 한다. 면담을 통해 드러난 P의 다른 중요한 특징은 그의 성적인 환상이다. P는 여자에게 비비거나 여자를 앞에 두고 자위하는 상상을 자주 하였다. 여자의 몸에 비비거나 공공장소에서 자신이 자위하는 것을 여자들이 보게 되면 여자들도 성적으로 달아오르고 흥분한다는 스토리다. 하지만 그의 환상과

현실 경험 간에는 커다란 괴리가 있음이 당연하였다. 실제 세계에서 그는 여자에게 비비거나 공공장소에서 자위행위를 함으로써 여자를 흥분시키는 데 성공한 적이 한 번도 없었다. 대부분의 여자는 놀라 달아나거나, 계속하면 신고하겠다고 대처하였다. 차 안에서 자위하는 P를 보는 여성들의 반응은 충격과 혐오 그 자체였다. 하지만 환상 속에서 P의 마찰행위나 성기노출은 항상 성교로 이어지도록 해 주는 중요한 수단이었다. 환상 속에서 여자들은 항상 그가 비빌 때나 그의 발기된 성기를 보여 주면 흥분하였다. 반면, 정상적인 성교만으로 국한된 환상은 P에게 전혀 성적인 자극을 주지 못했다.

P는 직장생활에 만족하지 못했고, 번번이 직업을 바꾸었으며, 술집에서 아르바이트를 하기도 했다. P는 결혼생활도 원만치 못했다. 그의 말에 따르면, 아내는 애정이 식어가고 섹스에 흥미를 잃어 갔다. P가 아내와 관계를 할 때, 전희는 대개 아내의 엉덩이에 성기를 비비는 것과 관련이 있었고 체위는 주로 후방위를 사용하였다. 그의 환상과 마찬가지로, 엉덩이에 성기를 비비는 행위는 항상 흥분과 그에 뒤이은 성교를 위한 필수적인 전희였다. 정서적인 면에서도 이들 부부관계는 문제가 있었다. 불안정한 직장과 경제적인 무능력 때문에 그의 아내는 남편에 대한 존경이 사라져 갔

다. 그의 아내는 자신이 애정을 보일 수 없고 섹스에 흥미를 잃게 된 대부분의 원인이 남편에 대한 존경의 상실 때문이라고 했다.

P의 사례를 중심으로 심리치료에서는 노출 장애를 어떻게 개념화하고 치료하는지를 살펴보자. 치료자는 P가 공공장소에서의 자위행위와 마찰행동을 그만둘 수 있는 가능성을 높이기 위한 절차를 사용할 필요가 있었다. 그는 거의 2개월째 두 가지 행동 중 어떤 것도 하지 않았는데, 이는 사춘기 이후로 가장 오랫동안 절제해 온 셈이었다. 하지만 P는 여전히 충동이 있었으며 예기치 않게 그러한 충동이 표출될 것이라고 했다. 공개적인 자위행위나 마찰행동은 특정한 상황에 국한된 것이기 때문에(예: 주차장, 쇼핑센터, 지하철) P에게 가능한 한 이러한 상황들을 피하라고 지시했다. 또한 P는 만일 충동이 생길 때 어떻게 충동을 다뤄야 하는지를 교육받았다. P는 상담시간에 해변에서 졸린 상태로 따뜻한 햇볕을 즐기고 있다고 상상함으로써 주의를 분산시킨 뒤 충동 상황을 떠나는 훈련을 여러 차례 했다. P는 훈련 뒤에 해변의 장면을 생생하게 떠올릴 수 있게 되었고 마음도 차분해졌으며 이완되었다. 어떤 절차도 P의 문제에 '치료적'인 것 같지는 않았지만, 이러한 절차는 임시적인 방책이 될 수 있으리라는 희망으로 사용되었다.

심리치료를 위한 계획은 2가지 측면으로 이루어졌다. 하나는 자위를 하거나 어떤 여성에게 끌리거나 흥분을 느낄 때 자신의 성적인 환상을 변화시키려는 시도였으며, 다른 하나는 원만한 부부생활과 성생활을 위한 부부치료였다.

P가 정상적인 성교에 더 유혹될 수 있도록 만들기 위한 첫 단계는 그가 정상적인 성교를 하는 환상만으로 자위를 하게 하는 것이었다. P는 마찰이나 여러 사람이 보는 앞에서 자위행위를 하는 상상을 하지 않으면 완전히 발기할 수 없다고 했다. 치료 기간 동안에 처음에는 P에게 어떤 환상으로든 흥분해도 좋다고 허용했고, (그에게는 대개 마찰행동을 하거나 여러 사람이 있는 데서 자위를 하는 것이었다.) 그렇게 자위를 시작하도록 하였다. 그리고 나서 오르가슴에 도달할 즈음에 정상적으로 성교하는 장면으로 상상을 전환하라고 했다. P는 쉽게 그렇게 할 수 있었다. 일주일간의 연습 후에는 점차 자위행위 시작단계에서 정상적 성교 환상으로 전환하게 하였다. P는 흥분이 줄어들지 않은 채 지시대로 할 수 있었다. 넷째 주가 되자 마찰행위나 사람들 앞에서 자위행위를 하는 상상을 전혀 하지 않고서도 자위행위를 시작하고 마칠 수 있었다.

이런 식의 치료가 진행되면서 P는 또한 여자로부터 불러일으켜지는 환상을 바꾸는 작업을 시작했다. 특히 꽉 끼는 청바지를 입은 젊은 여자를 볼 때 그는 대개 여자의 엉덩이에 성기

를 비비는 상상을 하기 시작했다. 따라서 P의 이러한 환상을
변화시키기 위한 치료가 고안되었다. 치료를 받는 동안 P에게
꽉 끼는 청바지를 입고 있는 젊은 여자의 사진들을 보여 주고
는 각각의 자극에 대해 성적이지 않은 상상을 해 보라고 하였
다. 예를 들어, 여자의 직업을 추측해 보라는 것과 같은 상상
이다. 그리고 그가 사진에 대해서 생각할 때, 엉덩이를 보는
대신에 얼굴에 초점을 맞추도록 격려하였다. P는 몇 차례의
연습을 통해 생각을 말로 표현하면서 성적인 생각과 환상을
분산시키는 여러 가지의 방법을 개발하였다. P는 몇 주 동안
치료 시간뿐만 아니라 집에서도 그의 새로운 상상을 계속해서
연습했다. 이러한 기술이 익숙해지면서 치료자는 P에게 새로
운 상상을 일상생활에 적용하게끔 하였다.

   이러한 훈련을 거쳐 P가 마찰이나 공공장소에서의 자위행
위에 대한 생각 없이도 자위행위를 할 수 있게 되고 매력적인
젊은 여자를 봐도 성기를 비비고 싶은 마음이 거의 없어진 무
렵부터 부부치료가 시작되었다. 처음에는 결혼생활에서 성적
이지 않은 문제들에 초점을 맞추었다. 매개자 혹은 촉진자로
서 치료자는 그들 부부가 경험하는 여러 가지 어려움에 대해
이야기하도록 하였다. 그들이 토의한 첫 번째 문제는 P가 소
소한 집안일을 돕지 않는다는 것이었다. 그는 집안일을 별로
돕지 않는다는 사실을 인정했지만, 자기가 무슨 일만 하려고

하면 아내는 항상 그의 그런 노력에서 결점을 찾아낸다고 했
다. 아내도 부분적으로는 P의 이러한 불만을 수긍했다. 예를
들면, P가 빨래를 할 때 탈수기에 옷들을 그냥 둬서 심하게 구
겨져 아내는 다리미질을 해야 하곤 했다. 아내의 입장에서 보
면 결코 일이 줄어드는 게 아니었기 때문에 P의 노력은 아무
런 인정도 받지 못했던 것이다. 치료자의 안내로 부부는 문제
를 일으키는 상황의 여러 측면을 깨닫게 되었다. 둘 중 누구도
다른 사람이 한 일에 대해서 좋은 감정을 가지고 있지 않았다.
P는 세탁을 하고 나서 빨래를 즉시 널기로 약속했고, 아내는
그녀가 남편의 노력을 고마워한다는 것을 남편이 알도록 확실
히 표현하겠다는 약속을 했다. 비슷한 방식이 다른 여러 가지
집안일음식 장만, 집 안 청소에 적용되었는데, 그런 일들은 모두 그
가 도움이 되고자 시도한 것이지만 결국은 아내의 인정을 받
는 데 실패했던 일들이었다.

다음으로 치료자는 아내가 자신에게 애정을 보이지 않는다
는 P의 감정에 대해 부부가 함께 생각해 보도록 이야기를 이
끌어 가려고 했다. 하지만 아내가 P에 대해서 전반적으로 존
경할 만한 감정이 없다고 이야기해서 상담시간에 격한 감정이
오가게 되었다. P는 다소 방어적으로 그는 가족을 위해 항상
최선을 다했다고 받아쳤다. 이 문제는 상담시간이 끝날 때까
지도 해결의 기미가 보이지 않았다. 치료자는 부부에게 지금

은 일단 논의를 보류하고 일주일 동안 생각해 본 뒤 다음 주에 그 문제에 대해 다시 토론해 보자고 제안했다.

이틀 후에 P는 치료자에게 전화를 해서 정기적인 약속 시간 외에 한 번 더 시간을 내 달라고 요청하였다. 그는 지난 상담 시간 이후에 정말로 많이 흔들렸으며 아내가 자기를 그렇게 부정적으로 보아 왔는지 몰랐다고 했다. 이러한 깨달음은 자신에게 커다란 영향을 주었으며, 그전에 아무에게도 하지 않았던 얘기를 해야만 할 것 같은 느낌을 받았다고 했다. P의 고백에 따르면, P는 지난 수년에 걸쳐 많은 젊은 여자와 성관계를 가졌다. 그러나 그는 한 번도 만족스럽게 성교를 마칠 수 없었다. 그가 처음으로 성교를 하려 했던 경험과 유사한 패턴이었다. 그는 처음에는 흥분이 되고 완전히 발기가 되었지만 나중에 발기가 되지 않곤 했다.

부부가 함께한 다음 상담시간에 P는 직업을 바꾸기로 결심했고, 현재 직장을 구하고 있으며 몇 군데 믿을 만한 곳이 있다고 밝혔다. 그의 아내는 눈에 띄게 기뻐했으며, P가 집안일을 더 도우려 하고 있고 그에 대한 인정을 표현하면서 좋은 기분을 느낀다고 했다. 그 다음 주에 P는 백화점에서 카메라 판매원으로 일하게 되었고, 아내는 남편의 이직을 무척 기뻐했다. 두 사람은 그때 그들이 섹스 문제를 다룰 준비가 되었다고 말했다.

이 치료회기를 시작하기 전에 치료자는 개인적으로 P를 만나서 공공장소에서 자위행위를 하거나 마찰행위에 빠지는 충동을 다루는 데 얼마나 진척이 있었는지를 확인했다. P는 정상적인 성교를 하는 상상만으로 자위를 성공적으로 수행해 왔다고 했다. 더욱이 그는 매력적인 젊은 여자를 보는 것이 더 이상 자동적으로 마찰에 대한 생각으로 이어지지 않으며, 전에 가졌던 충동을 한 번도 경험하지 않았다고 했다. 이때를 기점으로 치료는 급진전되었다. 아내는 P에 대해 좋은 감정을 가지기 시작했기 때문에 남편의 성적인 접근을 거부하지 않겠다고 말했다. 치료자와 함께 그들이 성적으로 좋아하는 것과 싫어하는 것을 토론하였고, 다음 주까지 여러 가지 성적인 경험을 하기로 동의하였다. P는 그가 평소에 하던 전희행동아내의 엉덩이에 대고 성기를 비비는 것을 삼가고 손과 입으로 자극을 주기로 합의했다. 그들은 일주일 동안 4번의 성관계를 가졌다. 몇 차례의 상담에서는 그들의 결혼문제에 대해 작업을 해 나갔다. 그 과정은 훌륭했다. 그들의 성적인 상호작용은 더 많아졌고 더 만족스러워 했다. P와의 몇 차례 개별 상담을 통해 P는 더 이상 공개적인 자위를 하거나 마찰행동에 빠지는 충동을 느끼지 않았음을 밝혔다.

추가적으로 국내 사건·사고 기사를 통해 사례를 정리해 보도록 하자.

41세의 노 씨는 자석에 이끌리듯 서울 영등포구의 한 여고 쪽으로 향하고 있는 자신을 발견했다. 등굣길 인근 골목에 숨어 있던 노 씨는 토요일 아침 가벼운 발걸음으로 등교하는 여고생들 앞을 갑자기 가로막고 바바리코트 안에 감춰졌던 자신의 알몸을 내보였다. 말로 표현할 수 없는 짜릿함을 즐기는 노 씨와 달리 신체 특정 부위를 드러낸 40대 남성에 여고생들은 비명을 질렀다. 학생들은 곧 "(지난달) 골목길에 서 있던 변태 아저씨가 지금 있다."며 112에 신고했다. 노 씨는 한 달 전에도 여고생들에게 못된 짓을 일삼아 악명을 떨친 '영등포 바바리맨'이었던 것이다. 인근 영등포공원으로 달아난 노 씨는 곧바로 출동한 영등포경찰서 신길지구대 경찰관들의 손에 붙들리고 말았다. 검거 후 노 씨는 경찰관들에게 "나도 내가 왜 그랬는지 모르겠다."며 고개를 저은 것으로 알려졌다. 한 경찰관은 "노름꾼이 노름하다가 잡힌 뒤 하는 말과 비슷한 것 아니겠냐?"는 반응을 보였다.

충북 단양에서 붙잡힌 50세의 경북 모 시청 7급 공무원 A도 노 씨와 사정은 마찬가지였다. 단양읍의 한 공원에 도착한 A는 목욕 가운을 입고 나타나 여중생 9명 앞에서 엉덩이를 노출시킨 후 춤을 추다가 경찰에 검거됐다. A는 낮에는 평범한 공무원 생활을 하고 가끔 충동을 이기지 못할 경

우 출장지에서 음란행위를 한 것으로 드러나 주변을 경악하
게 했다.

청주에 사는 23세의 B의 행각은 더 엽기적이다. B는 청
주시의 한 학원 앞에서 학교를 마치고 귀가하던 9세 여아에
게 신체 특정 부위를 보여 주며 음란행위를 하다 쇠고랑을
찼다. 이처럼 여성 앞에서 자신의 특정 부위를 드러내 성적
만족을 느끼는 소위 '바바리맨'들이 도심을 공포로 떨게 하
고 있다.

평범한 회사의 과장으로 일하는 조 씨. 결혼해서 어린 딸
까지 있는 가장인 그는 벌써 몇 년 째 바바리맨으로 이중생
활을 해 왔다. 많게는 하루에 10번 이상 이런 행동을 했다는
그는 취재진을 만나는 순간 울음부터 터뜨렸다. 자신도 이
일이 범죄인 줄 알면서도 멈출 수 없었다는 것이다. 조 씨는
자신이 한 행동을 반성하는 듯 보였으나 피해자에게는 아무
런 죄책감이 없는 듯 보였다. 상대방이 자신의 행동을 보면
서 좋아한다거나 적어도 기분 나빠하지는 않는다고 착각하
고 있는 상태다. 하지만 우리가 만난 피해자들 중 일부는 이
일로 인해 심한 우울증까지 경험했다고 한다. 대부분의 사
람은 바바리맨이 번듯한 직업도 없고 성적으로도 문제가 있

는 사람이라고 생각하지만 취재진이 만난 바바리맨들은 모두 정상적인 사회생활과 가정생활을 하고 있는 사람들이었다. 철저한 이중생활로 가족조차 모르게 범죄를 저질러온 그들. 그러나 바바리맨들은 경찰에 검거된다 하더라도 '공연음란죄'만 적용돼 벌금만 내고 풀려나는 실정이다.

서울의 성북동에서 원룸에 침입해 여대생을 성폭행한 30대 가장이 구속됐다. 그런데 놀라운 것은 그가 2008년부터 이 일대에서 혼자 지나가는 여성들에게 은밀한 부위를 노출하는 소위 바바리맨 행위를 해 왔다는 것이다. 자신이 그런 짓을 해도 여성들이 신고조차 하지 않자 그의 범죄 행각은 더욱 대담해졌다. 남의 집 창문을 통해 여성들을 훔쳐보고 촬영하는 등의 행동을 하다가 직접적으로 성추행까지 하는 범죄로 진화한 것이다. 그리고 그 위험한 진화는 기어이 성폭행이라는 범죄를 저지르는 데까지 이르렀다. 그 역시 우리가 만난 다른 바바리맨들처럼 평범한 집안의 가장이었고, 집안에서도 성적인 문제는 없는 것으로 확인됐다. ◈

**더 알아보기**

---

### 노출 장애

　노출 행동이 (누드 댄서같이) 돈에 의해 동기가 부여되거나 (못된 장난처럼) 다른 성적이지 않은 이유들에는 해당하지 않으며, 단지 노출하는 것에 성적 기쁨이 있는 사람들과 관련이 있다. 노출 장애 환자의 대부분은 그들의 성기를 노출하는 것을 통해 성적 쾌락을 얻고, 이를 통해 사정하기 위해 자위를 한다.

　노출 장애 환자 185명의 표본에 "만약 당신의 사생활이 그 혹은 그녀에게 노출됐다면, 당신은 그 사람이 보이는 반응을 어떤 것으로 선택할 것입니까?"라는 질문과 7가지 선택지가 주어졌는데, 가장 일반적인 반응으로는 "성관계를 갖기 원할 것이다."(35.1%)였고, "반응이 전혀 필요 없다."(19.5%), "그들의 사생활 역시 보여 주는 것"(15.1%), "감탄하는 것"(14.1%), 그리고 "아무 반응도 아니다."(11.9%)가 뒤따랐다. 소수의 노출 장애 환자는 "분노와 혐오감"(3.8%) 혹은 "공포"(0.5%)를 선택했다.

---

# 5. 접촉마찰 장애

접촉마찰 장애의 성도착 장애적 특징은 동의하지 않는 사람에게 접촉하거나 문지르는 행위를 하는 것이다. 이러한 행위는 붐비는 거리나 대중교통 수단 안에서처럼 체포될 염려가 없는 밀집된 지역에서 행해진다. 이들은 상대방의 허벅지나 엉덩이에 성기를 문지르거나 손으로 상대방의 성기나 유방을 건드리는데, 대부분은 행위 중 피해자와 비밀스런 애정관계를 맺게 되는 상상을 한다. 그러나 접촉마찰 장애자들은 기소를 피하기 위해 상대방과 접촉 후 발견되지 말아야 한다는 점을 알고 있다. 이 장애는 보통 청소년기에 발병한다. 대부분의 행위는 15~20세 사이에 발생하며, 그 후 빈도가 점차 줄어든다.

DSM-5에서는 대상이 접촉마찰적인 행동의 기회가 제한되는 장소즉, 접촉마찰적인 행동을 하기에 통제된 환경에서 생활하는지 세

**접촉마찰 장애 진단기준** (DSM-5; APA, 2013)

A. 동의하지 않은 상대방에 대한 접촉, 문지름을 중심으로 성적인 흥분을 강하게 일으키는 공상, 성적 충동, 성적 행동이 반복되며, 적어도 6개월 이상 지속된다.
B. 이러한 성적 공상, 성적 충동, 성적 행동이 임상적으로 심각한 고통이나 사회적, 직업적 또는 기타 중요한 기능 영역에서 장애를 초래한다.

 **DSM-5에서 달라진 진단 및 평가**

세분할 것
• 통제된 환경: 동의하지 않은 사람에게 접촉하거나 문지르기 위한 기회가 제한되는 다른 환경이나 또는 기관에서 생활하는 개인에게 적용된다.
• 완전한 완화: 통제되지 않은 환경에서 최소 5년 동안 동의하지 않은 사람에게 충동 행동을 하지 않고, 사회적, 직업적 또는 다른 중요한 기능 영역에서 고통이나 장애를 갖지 않는다.

분하고, 또한 통제되지 않은 환경에서 최소 5년 동안 동의하지 않은 사람에게 충동 행동을 하지 않고, 사회적, 직업적 또는 다른 중요한 기능 영역에서 고통이나 장애를 갖지 않는다면 완전하게 완화되었음을 세분할 것을 추가하였다.

　　45세의 C는 지하철에서 여성을 상대로 문지르는 행위를 해서 두 번째 체포된 뒤 경찰에 의해 정신과로 의뢰되었다. C에 따르면, 15년간 아내와 좋은 성관계를 맺었으며 10년 전부터 지하철에서 문지르기를 시작했다고 한다. 대개 20대의 여성을 대상으로 삼았는데, 지하철 역으로 내려가면서 상대를 골라 뒤를 쫓다가 지하철이 역에 도착하기를 기다렸다. 승객들이 지하철 안으로 들어갈 때 그도 상대의 뒤를 쫓아 들어갔다. 그리고 문이 닫히면 그는 여자의 엉덩이에 대고 성기를 밀어 올리면서 서로가 정상적이고 아무런 강요가 없는 성교를 하고 있다는 환상을 했다. 대개 절반은 사정을 하고 직장에 갔다. 그는 문지르는 동안에 사정을 해서 팬티를 더럽히지 않기 위해 성기에 랩을 둘러씌우곤 했다. 사정에 실패하면 그날은 포기하거나 지하철을 바꿔 타고 또 다른 희생자를 선정했다. C는 마찰행위 뒤에 매번 죄책감을 느끼지만, 곧 조금 전의 일을 다시 음미하면서 다음번에 만날 사람을 그려 보는 자신을 발견한다고 했다. 이런 행위는 일주일에 두 차례 정도 이루어졌다.

　　면담을 하는 동안 C는 자신의 행동에 대한 극심한 죄책감을 표현했고, 아내나 직장 상사가 자기의 체포 사실을 알

까 봐 두렵다며 울기도 했다. 하지만 그가 저지른 행동을 희
생자들이 어떻게 느낄지에 대해서는 전혀 생각하지 않고 있
는 게 분명했다.

그의 개인력을 보면, 특히 여성들과의 관계에서 다소 어
색하고 사회적으로 자기주장을 잘하지 못한다는 것 외에는
어떠한 분명한 정신적인 문제도 보이지 않았다.

문지르는 접촉마찰 장애증과 애무하는 접촉증toucherism 둘
다 접촉마찰 장애에 포함된다. 여성에게서는 접촉마찰 장애가
보고된 바 없다. 사례에 나온 C의 행동은 전형적인 접촉마찰
장애로 볼 수 있다. 접촉마찰 장애가 있는 사람들은 지하철
이나 운동경기장 또는 백화점처럼 선택의 여지가 많은 장소
를 택한다. 그런 장소에서는 여자들이 비비는 것을 잘 알아차
리지 못할 수도 있고, 알아차려도 대개 저항하지 못한다. 왜
냐하면 무슨 일이 벌어지고 있는 것인지에 대해 절대적으로
확신할 수 없기 때문이다. 이는 바로 C가 왜 단지 2번밖에 체
포되지 않았는지를 설명한다. 이들은 대개 마찰행동을 하면
서 당하는 사람들과 애정 어린 성관계를 하고 있다는 환상을
한다.

추가적으로 국내 사건·사고 기사를 통해 사례를 정리해
보도록 하자.

"반포역 통과해 노원역을 향하는 71○○번 전동차 안에서 남자가 여자를 추행하는 것 같아요. 남자는 회색 옷을 입고 무릎 위에 회색 점퍼를 올려놓고 있어요." 모두가 크리스마스 분위기에 취해 있던 12월 25일 오전 11시께 서울지방경찰청에 112 문자메시지SMS 신고가 접수됐다. 지하철 객차 안에서 성추행이 벌어지고 있다는 내용이었다. 이 신고는 서울 광진경찰서 자양파출소에 전달됐고, 경찰관 2명은 곧바로 인근 서울지하철 7호선 뚝섬유원지역으로 출동했다. 경찰은 이어 역무원의 협조로 신고가 된 지하철 칸을 찾은 뒤 곧바로 수색을 들어갔다. 몇 분 지나지 않아 경찰은 회색 옷을 입고 무릎 위에 회색 점퍼를 올려놓은 남성을 찾아냈다. 이 남성 옆에는 20대 여성이 아무것도 모른 채 곤히 잠에 빠져 있었다. 경찰 조사 결과 고등학교 2학년 A는 이날 오전 10시 50분부터 10분간 자신의 점퍼 속에 손을 넣고 옆에서 잠을 자던 여성의 허벅지와 가슴을 10여 차례 만진 것으로 드러났다. 피해 여성은 며칠간 밤을 새서 잠에 취해 성추행이 벌어진 것도 알아채지 못했다. 하지만 이 모습을 수상히 여긴 한 남성이 문자메시지를 이용해 경찰에 알렸고, 결국 A는 경찰에 붙잡혔다.

오전 8시쯤 출근길 승객들로 혼잡한 서울 지하철 2호선

신도림역 승강장. 30대로 보이는 말쑥한 차림의 한 남자가 어슬렁거리더니 미니스커트를 입은 미모의 여성 뒤로 바짝 다가섰다. 전동차 문이 열리자 남자는 앞에 있던 여자를 끌어안듯 하며 탑승한 뒤 신체접촉을 시도했다. 여자가 불편한 기색으로 자리를 피하자 좌우를 살피던 남자는 또 다른 미모의 여성 뒤로 밀착해 여자의 엉덩이를 만지며 성기 쪽을 비볐다. 이 과정을 지켜본 지하철수사대 2지구대 소속 37세 구 모 여경사가 당혹스러워하는 여자 쪽으로 조용히 다가갔다. 구 씨가 "지하철 수사대 경찰관입니다. 성추행 당한 것 맞습니까?"라고 적힌 경찰 신분증을 내밀자 여자가 고개를 끄덕였다. 구 씨는 남자를 성추행 혐의로 체포해 동료 경찰에게 넘기고 피해 여성의 처벌 의사를 확인한 뒤 상세히 피해 사실을 들었다. 성추행범 34세 회사원 김 씨는 "충동적으로 그랬다."며 선처를 호소했다.

시내버스 안에서 자신의 성기를 꺼내 여성에게 문지르며 성추행한 33세의 파키스탄인 A가 철창행 신세가 되었다. 양주경찰서 주내파출소는 오후 7시 10분께 양주역으로 향해 가던 시내버스 안에서 자신의 성기를 꺼내 여성의 허벅지와 엉덩이 부분에 수차례 문지르는 등 성추행을 한 A를 검거했다. ◈

# 6. 성적피학 장애

성적피학 장애의 성도착적 초점은 가상이 아니라 실제로 굴욕당하거나, 매질을 당하거나, 묶여 있거나, 그 밖의 다른 방식으로 고통을 당하는 행위다. 어떤 환자는 피학적 상상으로 괴로워하는데, 피학적 상상은 성교나 자위행위 도중에 자극되며 행동으로 이행되지는 않는다. 이러한 경우 피학적 상상은 다른 사람에 의해 붙들려 있거나 묶여 있어서 도망갈 수 없다는 내용에 관한 것으로 강간을 당한다는 내용이 흔하다.

종종 피학적 성적 충동을 스스로 행하거나예: 자신을 묶거나, 핀으로 찌르거나, 전기쇼크를 가하거나, 신체를 절단함 상대방과 더불어 행한다. 상대방과 함께하는 피학적 행위에는 결박육체적 감금, 눈 가림감각적 감금, 손으로 더듬기, 손찌검, 채찍질, 구타, 전기쇼크, 고정시켜 놓고 찌르기, 굴욕 상태방뇨 또는 분변하도록 하거나, 개처럼 기거나 짖도록 하거나, 폭언을 듣거나 함가 있다. 강요된 옷 바꿔 입기는 굴욕스런 연상을 하기 위한 것이다. 때로 환자는 자신이 의지할 데 없는 유아나 기저귀를 찬 유아로 취급받기를 갈망하기도 한다이것을 유아증이라 한다.

성적피학 장애의 극히 위험한 형태로 '저산소도착증'이 있다. 이는 가슴을 압박하거나, 올가미, 노끈, 비닐봉투, 마스크, 화학물질가끔 말초혈관 확장으로 일시적으로 뇌산소를 감소시키는 휘발성 질산염의 사용으로 산소를 박탈하여 성적 쾌감을 느끼려는 것이다. 산소를 박탈하려는 행위는 혼자서 행해지거나 상대방과 더불어 행해진다. 기구의 기능 이상이나 올가미나 노끈의 잘못된 위치 선정 등으로 죽음에 이르는 불상사가 일어나기도 한다. 미국, 영국, 호주, 캐나다 등에서는 매년 인구 100만 명당 1~2건의 저산소기호증에 의한 사망이 보고되고 있다. 성적피학 장애가 있는 일부 남성은 성애물 장애나 의상전환 장애 또는 성적가학 장애를 동반하기도 한다.

피학적인 성적 상상은 아동기 때부터 존재하는 것 같다. 반면, 상대방과 더불어 피학적 행위를 행하는 연령은 다양하지만 대개는 성인 초기에 시작된다. 성적피학 장애는 보통 만성적이며 동일한 피학적 행위를 반복하는 경향이 있다. 성적피학 장애를 보이는 어떤 개인은 유해한 행위의 증가 없이 수년 동안 지속되는 반면, 어떤 개인은 시간이 경과함에 따라 또는 스트레스 정도에 따라 상해나 죽음까지 초래하는 등 피학 행

**성적피학 장애 진단기준** (DSM-5; APA, 2013)

A. 굴욕을 당하거나, 매질을 당하거나, 묶이거나, 기타 다른 방식으로 고통을 당하는 행위(가상적인 것이 아닌 실제적 행위)를 중심으로 성적 흥분을 강하게 일으키는 공상, 성적 충동, 성적 행동이 반복되며, 적어도 6개월 이상 지속된다.
B. 이러한 성적 공상, 성적 충동, 성적 행동이 임상적으로 심각한 고통이나 사회적, 직업적 또는 다른 중요한 기능 영역에서 장애를 초래한다.

 **DSM-5에서 달라진 진단 및 평가**

세분할 것
- 질식기호증을 포함하는지
- 호흡의 제약과 관련된 성적인 흥분을 성취하는 것의 실행에 관여하는지

세분할 것
- 통제된 환경: 피학적 성적 행동에 참여할 기회가 제한되는 다른 장소나 또는 기관에서 생활하는 개인에게 적용된다.
- 완전한 완화: 통제되지 않은 환경에서 최소 5년 동안 사회적, 직업적 또는 다른 중요한 기능 영역에서 고통이나 장애를 갖지 않는다.

위의 정도가 심화되기도 한다.

DSM-5에서는 '질식기호증asphyxiophilia'을 세분할 것을 추가하였다. 이는 질식을 당함으로써 성적 흥분을 느끼는 증후군이다. 남성의 경우 성행위 도중에 상대방 여성의 목을 조여 가사상태asphyxia에 이르게 하는 경우가 있는데, 그 과정에서 여성의 질이 수축되고 질 속의 자신의 성기음경가 굉장한 압박을 받으며 남성의 쾌감이 증진되기도 한다. 따라서 특정한 경우에는 남성이 그것을 기대하며합의하의 성행위 또는 강간범행 시에 상대 여성피해자의 목을 조르는 이들도 있는데 그 과정에서 여성이 질식 때문에 목숨을 잃거나 또는 심각한 육체적·정신적 후유증을 겪기도 한다.

대상이 피학적인 성적 행동의 기회가 제한되는 장소즉, 피학적인 성적 행동을 하기에 통제된 환경에서 생활하는지 세분하고, 또한 통제되지 않은 환경에서 최소 5년 동안 사회적, 직업적 또는 다른 중요한 기능 영역에서 고통이나 장애를 갖지 않는다면 완전하게 완화되었음을 세분할 것을 추가하였다.

> 25세의 여자 대학원생 C는 우울증과 결혼생활의 불화로 상담실을 찾았다. 결혼생활 5년 동안, C와 그녀의 남편은 모두 학교에 다니고 있었다. 지난 3년간 그녀의 학문적 성취는 늘 남편보다 더 좋았고, 그녀는 남편과의 빈번한 말다

툼의 이유가 거기에 있다고 생각했다. 그러다 C는 남편이 자신에게 소리치고 화가 나서 자신을 때릴 때면 성적인 흥분을 느낀다는 것을 알게 되었다. 때때로 그녀는 남편이 짐 승처럼 난폭하게 그녀와 성교할 때까지, 그래서 마치 강간 당하는 것처럼 될 때까지 남편을 비아냥거렸다. 그녀는 수 성獸性과 혼나는 느낌이 자신을 성적으로 흥분시키는 것을 경험했다.

상담실을 찾아오기 1년 전에 C는 말다툼 끝에 집을 뛰쳐 나오곤 하는 자신을 발견하였다. 그 당시 한번은 독신자 바 에 가서 한 남자를 만나 성행위의 일부로 자기를 때리게 하 였다. 그녀는 '체벌'이 성적인 흥분을 일으키고, 자위를 하 는 동안 맞고 있다는 환상을 하면 오르가슴에 도달하는 것 을 알게 되었다. 그리고 자신이 다른 어떤 성적인 자극보다 낯선 남자의 손에 체벌 받는 걸 즐긴다는 사실을 발견하였 다. 그녀는 오르가슴의 정도를 포함하는 성행위의 모든 측 면에서 채찍을 맞고 매를 맞는 상황이 이전에 경험했던 어 떤 것보다도 훨씬 좋았다.

그러나 이러한 성적인 기호 때문에 상담실은 찾아온 것 은 아니었다. 그녀는 남편 없이는 살 수 없지만 그와 함께 사는 게 너무 힘들다고 호소하였다. 그녀는 남편이 자신을 떠날 것에 대한 두려움으로 자살 환상을 가지고 있었다.

그녀는 자신의 성행위가 그녀 자신에게 위험하다는 것을 알았고 약간의 부끄러움도 느꼈다. 그녀는 왜 그런 습관이 생기게 되었는지를 모르고 있었고, 그러한 행위가 그녀에게 너무나 쾌락을 주었기 때문에 치료를 하고 싶은지에 대한 확신도 없었다.

모독당하거나 매를 맞거나 결박당하는 등 고통과 관계된 환상은 성생활의 다른 모든 부분에서 두드러질 것이 없는 사람들에게 성적인 흥분을 높일 수도 있다. 하지만 C의 사례처럼 성적으로 흥분시키는 이러한 종류의 환상이 행동으로 나타나거나, 혹은 명백히 고통스러울 때는 성적피학 장애라는 진단이 내려진다.

하지만 이 사례에 대한 제한된 정보만으로는 이 환자의 부부문제가 주로 성적피학 장애의 증상인지예를 들어, 그녀가 성적으로 흥분하기 위해 싸움을 걸었는지?, 아니면 성격장애의 증상인지, 정신적인 문제와는 무관한 부부관계 문제로 보는 것이 적절한지를 분명히 결정하기는 어렵다.

추가적으로 성적 가학 · 피학 장애와 관련된 국내 사건 · 사고 기사를 통해 사례를 정리해 보도록 하자.

대전지방경찰청은 23일, SM마니아들을 대상으로 음란

사이트와 성매매 업소를 운영한 37세의 A와 27세 업소종업원 B(여) 등 2명, 28세의 성 매수자 C 등 2명을 성매매 등에 관한 법률 위반 혐의로 불구속 입건했다. 경찰에 따르면 A는 2009년 말부터 자신이 운영해 온 SM 음란사이트를 통해 SM플레이를 원하는 성 매수남 580여 명을 대전 유성구 주택가에 있는 자신의 업소로 유인해 1인당 1시간에 7만원씩 받고 B 등 여자 종업원들과 유사 성행위를 하도록 알선했다.

경찰 조사 결과 A는 2명의 여종업원들을 고용한 뒤 SM 플레이를 교육시켜 성 매수남들이 원하는 상황에 맞게 SM 플레이를 하도록 했다.

실제로 A는 병원과 지하철, 교실, 감옥 등 여러 개의 테마방을 마련한 뒤 성 매수남들이 테마를 선택해 SM플레이를 할 수 있도록 했으며, 일부 성 매수남들은 A의 사이트에 자신의 SM 장면을 담은 사진과 동영상을 후기로 올려 마니아들과 정보를 공유했다.

김선영 대전지방경찰청 사이버수사대장은 "A가 운영하는 음란사이트 회원 수만 해도 무려 1만 3,000여 명에 이를 정도로 규모가 컸다."며 "인터넷 음란물과 음란행위가 왜곡된 성의식을 확산시킬 수 있는 만큼 관련 행위에 대한 단속을 강화할 방침"이라고 말했다. ◆

**더 알아보기**

### 성적피학 장애

성적피학 장애 환자들의 대부분은 악담, 구타(손이나 도구들로), 성적 행동들을 하라고 명령 받는 것, 혹은 묶이거나 구속당하는 것을 겪고 싶다고 보고한다. 몇몇의 사람은 어떤 식으로든 매우 강렬한 자극을 겪는 것을 추구하는데, 매질을 통해서 피를 흘리는 고문, 낙인찍기 혹은 불태우기, 미라화(몸을 밧줄이나 다른 것들로 싸매는 것)와 장기간의 감금 등이 이에 해당한다. 심하게는 성기 혹은 신체의 다른 부분들에 대해 전기의 사용과 같은 몇몇 피학적인 행동을 함으로써 사고사들이 일어나기도 한다. 성적피학 장애의 가장 극적인 사례 중 하나는 매체에도 널리 보도된 베르트 브란데스의 사례다. 2003년 42세의 컴퓨터 전문가 아민 마이베스는 인터넷을 통해 직접 죽어서 먹을 사람을 구했다. 몇 차례 인터뷰를 통해 브란데스가 선택되었고, 브란데스는 술과 수면제의 혼합물을 먹은 후 마이베스에 의해 성기가 잘렸다. 둘은 그것을 먹기 위해 튀겼으나 먹지는 못하였다. 그다음 마이베스는 브란데스에게 치명적인 자상을 입혔고, 브란데스가 동의한 모든 것은 비디오테이프로 녹화하기도 하였다.

### 자기색정사

스스로 목을 맸지만 자살은 아닌 해괴한 죽음을 법의학계에서는 자기색정사(Autoerotic death)라고 부른다. 다소 민망한 이 말은 성적 쾌감을 느끼려고 스스로 끈이나 비닐봉지, 심지어 전기장치 등을 이용해 뭔가를 하다 사고로

죽는 것을 말한다. 다음의 사례들은 자기색정사를 이해하는
데 도움을 줄 수 있다.

여자 옷을 입은 채 자기 침대에서 사망한 남성 K의 입에는
여성용 스카프가 잔뜩 들어 있었다. 엄청난 양이었다. 목에는
여러 곳에 끈 자국이 선명했다. 개목걸이와 스카프 자국들이
얼기설기 뱀이 똬리를 튼 형상으로 엉켜 있었다. 무언가에 목
이 졸렸다는 증거다. 무릎과 두 발도 스카프로 묶여 있었다. 외
부 침입의 흔적은 없었지만, K의 가족들은 타살을 의심했다.
시신은 국립과학수사연구원으로 옮겨졌다. 부검대에 오른 그의
얼굴 주변과 장기에는 피가 흐르지 못하고 뭉친 울혈이 보였
다. 안구와 눈꺼풀 사이, 결막과 폐에는 내출혈로 생기는 좁쌀
같은 일혈점(溢血點)이 나타났다. 모두 질식사에서 관찰되는 소
견이었다. 국과원은 그의 죽음을 자살도 타살도 아닌 '사고사'
로 결론지었다.

영화 〈킬빌〉에서 주연 악역 배우로 출연했던 미국 배우 데이
비드 캐러딘이 72세의 나이로 호텔에서 숨진 채 발견됐다. 호
텔 청소원이 발견했을 때 그는 옷장에 밧줄로 목을 맨 상태였
다. AP 등 언론은 일제히 캐러딘의 '자살' 보도를 쏟아 냈다.
하지만 태국 경찰은 "스스로 목을 맨 건 맞지만 자살은 아니
다."라고 했다. 방콕 경찰청 오라퐁 시프리차 수사팀장은 "알몸
이 끈에 묶여 있는 등 정황으로 볼 때 자살했다기보다는 스스로
성적인 행위를 하다 잘못돼 숨졌을 가능성이 높다."고 말했다.
가족들은 타살 의혹을 제기하며 미연방수사국(FBI)에 재조사를
의뢰했다. 2차 부검을 마친 미국 법의학 전문가는 "타살 흔적도,
발버둥친 흔적도 없다."며 태국 경찰과 같은 결론을 내렸다.

자기색정사의 가장 흔한 방법은 K처럼 스스로 목을 조여 순간적인 질식을 유발하는 것이다. 목을 조였던 줄을 푸는 타이밍을 놓치면 그대로 끝이다. 머리에 비닐주머니나 방독면 따위를 쓰기도, 두꺼운 테이프로 자기 입과 코를 틀어막기도 한다. 머리 전체를 밀폐된 작은 공간에 집어넣는 일도 있다. 모두 가벼운 질식을 유발하기 위한 방법이다.

법의학계에 따르면 뇌에 공급되는 산소가 감소하는 순간 몸에는 가벼운 두통과 함께 현기증 또는 꿈을 꾸는 것과 같은 들뜬 기분이 나타난다. 일부 사람은 이런 미묘한 변화에서 행복감이나 성적 만족을 느끼게 된다. 여러 해 전에 남자 청소년들 사이에 서로 목을 조르거나 손가락으로 경동맥을 눌러 잠시 혼절시키는 '기절놀이'가 유행한 적이 있는데, 이도 같은 원리다(서울신문, 2011. 4. 30.).

# 7. 성적가학 장애

　동의하지 않은 상대방에 대하여 성적 흥분을 얻기 위해 반복적이고 의도적으로 심리적 또는 신체적 고통을 준 적이 있는 경우, 성적 흥분을 위하여 상대방의 동의 하에 가벼운 상처를 주고 괴롭히면서 고통을 주는 것이 애용되거나 또는 유일한 방식인 경우, 성적 흥분에 도달하기 위해 동의한 상대방에 대해 광범위하고 지속적인 또는 치명적일 수도 있는 신체적 상해를 가하는 경우 중 하나에 해당하면 성적가학 장애라고 할 수 있다. 여기에는 강간, 난폭한 성행동, 성적 살인이 관련될 수 있다.

　정신역동적 입장에서 보면 성적가학 장애는 희생자에 대한 지배 및 통제의 욕구로서 성적 무능감의 병적 극복이다. 기타 유전적 소인, 호르몬 이상, 병적 대인관계, 과거 성적 남용의 피해 경험, 정신장애예: 조현병의 동반 등이 원인일 수 있다. 발

**성적가학 장애 진단기준** (DSM-5; APA, 2013)

A. 다른 사람에 대한 심리적 · 육체적 고통을 통하여 성적 흥분을 얻는 행위를 중심으로, 성적 흥분을 강하게 일으키는 공상, 성적 충동, 성적 행동이 반복되며, 적어도 6개월 이상 지속된다.
B. 이러한 성적 공상, 성적 충동, 성적 행동이 임상적으로 심각한 고통이나 사회적, 직업적 또는 다른 중요한 기능 영역에서 장애를 초래한다.

 **DSM-5에서 달라진 진단 및 평가**

세분할 것
• 통제된 환경: 가학적 성적 행동에 참여하는 기회가 제한되는 다른 장소나 또는 기관에서 생활하는 개인에게 적용된다.
• 완전한 완화: 통제되지 않은 환경에서 최소 5년 동안 사회적, 직업적 또는 다른 중요한 기능 영역에서 고통이나 장애를 갖지 않고, 동의하지 않은 사람에게 충동에 따른 행동을 하지 않는다.

병과 경과는 성적피학 장애와 같다.

DSM-5에서는 대상이 가학적인 성적 행동의 기회가 제한되는 장소즉, 가학적인 성적 행동을 하기에 통제된 환경에서 생활하는지 세

분하고, 또한 통제되지 않은 환경에서 최소 5년 동안 사회적,
직업적 또는 다른 중요한 기능 영역에서 고통이나 장애를 갖
지 않고, 동의하지 않은 사람에게 충동에 따른 행동을 하지 않
는다면 완전하게 완화되었음을 세분할 것을 추가하였다.

성적가학 장애의 성도착 장애적 초점은 희생자의 심리적·
육체적 고통굴욕을 포함을 통하여 성적 흥분을 얻는 행위다. 이
러한 성도착 장애가 있는 일부 환자는 자신들의 가학적 상상
으로 자극받게 되는데, 이런 상상은 성교나 자위행위 중에 자
극되며 행동으로 이행되지는 않는다. 이러한 경우 곧 닥쳐올
가학적 행위에 대한 예견으로 두려움에 떠는 희생자를 완전히
지배하고 있다는 가학적 공상이 개입되기도 한다. 어떤 환자
들은 고통이나 수치심을 자진해서 겪기를 동의하는성적피학 장애
를 가지고 있는 상대에게 가학적인 성적 충동을 행한다. 그러나
어떤 환자들은 자신들의 가학적인 성적 충동에 동의하지 않는
상대에게 행하기도 한다. 이 모든 경우에 있어서 환자들에게
상대의 고통은 성적인 흥분을 일으킨다.

가학적 상상이나 행위는 희생자에 대한 가해자의 우월성을
상징하는 행동으로 행해진다예: 희생자를 기어 다니도록 하거나 우리에
가두는 행위. 가학적 행위에는 사지 구속, 눈가림, 손으로 더듬
기, 손찌검, 채찍질, 꼬집기, 때리기, 불로 태우기, 전기쇼크,
자르기, 강간, 찌르기, 목 조르기, 고문, 상해, 살인 등이 포함

된다.

가학적인 성적 공상은 아동기 때부터 존재하는 경향이 있
다. 가학적 행위가 시작되는 연령은 다양하지만 대개 초기 성
인기에 일어난다. 성적가학 장애는 보통 만성적이고, 가학적
인 성적 행위가 동의하지 않는 상대에게 행해질 때 성적가학
장애를 가진 개인이 체포될 때까지 가학적 행위는 반복된다.
성적가학 장애를 가진 어떤 개인은 심각한 육체적 손상을 일으
키지 않고 고정된 수준에서 수년 동안 가학적 행위를 하기도
하지만, 가학적 행위는 대개 시간이 경과함에 따라 강도가 높
아진다. 성적가학 장애가 심할 때, 특히 반사회성 성격장애를
동반할 때는 희생자에게 심한 손상을 입히거나 희생자를 살해
한다.

　　35세의 기혼 남성 작가 D는 성적으로 가학적인 충동에 따
　　라 행동해서 다른 사람을 죽일 것 같은 두려움을 호소했다.
　　D는 15년간 결혼생활을 해 왔고, 지난해까지 아내와 격
　　주로 성관계를 가졌다. 하지만 D의 환상 세계에서는 동성
　　애적인 것이 우세했으며, 아동기 때부터 남자에게 성적으로
　　끌림을 느꼈지만, 결혼한 지 한참이 지난 중년에 이를 때까
　　지 그러한 충동에 따라 행동하는 것을 억제하였다. D는 사
　　춘기 때 동성애를 다룬 포르노를 보아 왔는데, 특히 가학적

인 내용의 포르노를 보고 성적인 흥분을 느꼈다. 이성애적인 포르노를 보고도 흥분을 느끼긴 했지만 동성애적인 포르노를 볼 때보다는 흥미가 훨씬 덜했으며, 가학적인 내용의 이성애적 포르노에는 전혀 성적인 흥분을 느끼지 못했다.

D는 사회적 통념대로 결혼을 했고, 정상적인 이성애적 행동을 하게 되면 자기의 가학적인 동성애적 충동이 감소될 것이라는 기대를 의식적으로 가졌기 때문에 이성과 결혼을 하였다. 하지만 이러한 충동은 D의 자위 환상을 통해서 주기적으로 계속 이어졌다. D가 주로 한 자위 환상은 남자가 묶이고 고문당해 죽게 되는 것이었다. 환상 속의 남자들은 동료나 선생님이거나 때론 영화배우거나 낯선 사람이었다. 이러한 환상은 특정한 시기에 더 강렬해졌다. D는 탐정잡지에서 동성애적인 육욕에 눈 먼 살인자에 대한 글을 읽었을 때 '사납게' 성적으로 흥분되었다. D는 곧바로 가학적인 동성애적 환상을 하면서 하루에도 여러 차례 자위를 했다. 몇 주가 지나면 강렬한 흥분은 가라앉았지만, 그 후의 자위 환상에 잡지에서 묘사된 이야기를 소재로 삼았다.

약 8년 전에 D는 직장 동료와 함께 게이 바에 갔다. 그 당시 그는 업무에 있어서 공격적이고 요구가 많은 남자 상관으로부터 심한 감독과 압박을 받고 있었다. D의 동료는 공개적인 동성애자였으며, D는 '장난삼아' 그 동료와 함께 게

이 바에 갔다. 도중에 다른 게이 바를 지나쳤는데, 동료는 그곳을 'S와 M(가학·피학 장애)을 좋아하는 가죽옷 입은 녀석들'을 위한 바라고 했다. 그날 그들은 게이 바에서 만난 사람과 짧은 동성애적인 접촉을 가진 후 마음에도 없는 섹스를 했다.

몇 달이 지난 후, 일주일 동안 많은 업무를 하고 난 뒤 D는 지난번에 지나쳤던 게이 바 중 한 곳을 충동적으로 찾아갔다. 그곳에서 D는 맞으면서 성적인 흥분을 느끼는 남자를 만났고, 허리띠로 때리는 강도가 피학 장애 파트너의 통제하에 있다는 걸 알고는 쾌락적인 가학적 행위에 빠져들었다. 그가 28세 때 일어났던 그 일은 성적으로 가학적 행위를 한 첫 번째 에피소드였다. D는 한 달에 한 번 꼴로 그 게이 바에 출입하였다. 그는 거기서 가죽 재킷을 입고 가죽 모자를 쓰곤 했다. 한번은 바에서 피학적인 파트너를 찾았고 다양한 행위에 빠졌는데, 그런 모든 행위를 통해서 D는 성적인 흥분을 느꼈다. 그는 파트너를 로프로 묶은 후에 채찍으로 때리고, 담뱃불로 지지겠다고 위협하고, 오줌을 먹게 하고, '자비를 구하게' 했다. 그리고 이러한 행위를 하면서 오르가슴을 느꼈고, 대개는 파트너에게 펠라치오를 강요하였다.

D의 아내는 자신의 결혼에 상당히 불만족해 했다. 그녀는 D가 동성애적 취향과 가학적 경향을 가지고 있다는 것을

몰랐다. 하지만 D는 그녀와 성관계를 할 때 산만했으며, 그녀는 남편이 정부를 두고 있는 건 아닐까 의심이 들었다. 그녀는 남편과 대치하게 되었고 더 적대적이고 요구적으로 되어 갔다. D는 자기가 아내를 '필요로' 했다는 것을 깨닫고 관계가 끝나지 않기를 바랐지만, 그녀의 불만을 바로 해소해 줄 수 없다는 걸 알았다. 그는 그녀를 가능한 멀리했고 그녀가 대화하자고 하면 싸움을 하였다. D는 업무상 압박이 늘어갈수록 자신의 가학적인 충동의 강도도 높아진다는 것을 알게 되었다.

한번은 D가 파트너에게 불을 붙여도 좋다는 동의를 하도록 설득시켰다. 그리고 나서 D는 죄책감과 부끄러움을 느꼈다. 진료를 받기 직전에 D는 파트너를 묶어 놓고는 그 남자의 신체 일부를 잘랐다. 피를 보는 순간 D는 파트너를 죽이고 싶은 강렬한 충동을 느꼈다. 간신히 충동을 자제한 D는 자신의 가학적인 충동이 자신의 통제력을 벗어났음을 깨닫고는 정신병원을 찾았다. 그는 이제 가학적인 충동이 너무도 강렬해서 통제력을 잃고 성적인 파트너를 죽일지도 모른다는 두려움을 가지고 치료를 받으러 온 것이다.

이 사례는 심한 성적가학 장애를 지닌 사람의 상당히 전형적인 이야기다. 또 다른 외국의 사례를 살펴보자.

H는 10명의 여자를 살해한 혐의로 체포되었다. 그의 아내 J는 남편을 도와서 희생자들을 죽음으로 이끌었는데, 결국에는 H에게 불리한 증언을 하였다.

'완벽한 연인'을 찾으려는 남편의 환상이 계속되기를 바랐기 때문에, J는 H와 함께 쇼핑센터나 시골 시장에 가서 어린 소녀들에게 말을 걸어 자신들의 소형 트럭에 올라타라고 했다. 일단 소녀들이 안으로 들어오면 H를 만나게 되는데, H는 권총을 들고 접착테이프로 소녀들을 묶었다. 마지막 2명의 희생자는 성인이었지만 대개는 10대였으며, 가장 어린 피해자는 13세였다. 가장 나이 든 희생자는 34세의 바텐더였는데, 늦은 밤 바의 문을 닫고 차를 타러 가고 있었다. 그때 바 안에서 술을 마셨던 부부가 희생자에게 다가가서 창문을 내리고 이야기를 하려고 하는데 H가 그녀를 납치해서 집으로 데려갔다. J가 집 안에서 TV에 나오는 오래된 영화를 보고 있는 동안, H는 트럭 뒤에서 희생자를 강간했고, 희생자에게 딸 역할을 하게 했다. H가 이러한 범죄행위를 끝내면 J는 H에게 다시 돌아왔다. 이들은 이른 아침에 차를 몰고 멀리 갔는데, 트럭 뒤에서 남편이 피해자를 죽이는 소리가 들리지 않도록 라디오를 크게 틀어 놓았고, 그러는 동안에 희생자는 목 졸려 죽어가고 있었다. 그날 저녁 그들은 식당에서 H의 생일을 축하하는 저녁을 먹었다.

H의 희생자들은 대부분 작은 몸집이었으며 금발이었다. 이들은 성적으로 학대당한 뒤 총에 맞거나 목 졸려 숨졌으며, 사체는 암매장되었다. 그중 한 명은 21세의 임산부였는데, 차를 태워 달라고 손을 흔들다가 강간당하고 목을 졸린 뒤 산 채로 모래 구덩이에 매장당했다.

H는 만족의 정도에 따라 희생자들의 순위를 매겼으며, J가 최고가 아님을 그녀가 알고 있는지 확인했다. J는 남편의 모든 요구에 응함으로써 자기의 결점을 구제받았다. 그러다 결국 그녀는 남편과 헤어질 때조차도 안 된다고 말할 수 없었다. 그들이 여러 달 동안 떨어져 지낼 때, H는 J에게 전화해서 한 번만 더 함께 있자고 요청했다. 그녀는 동의했고 그날 아홉 번째, 열 번째 희생자의 목숨을 빼앗았다.

H의 폭력은 아버지로부터 물려받은 것이다. 그가 태어났을 때, 19세였던 그의 아버지는 자동차 절도와 부정수표 남발로 실형을 선고받고 있었다. 뒤늦은 유죄판결은 아버지에게 2차 범행을 저지를 시간을 벌어 주었지만 아버지는 도망쳤다. 잡히고 도망가고 다시 잡히고 도망가는 행각을 벌이면서 아버지는 경찰과 교도관을 살해했는데, 교도관의 경우 얼굴에 염산을 뿌려서 눈을 멀게 한 후 때려 죽였다. 아버지는 사형당하기 직전에 다음과 같은 메모를 남겼다.

"경찰을 죽였을 때 안에서 좋은 감정이 솟았다. 그것이

나를 얼마나 기분 좋게 만들었는지 설명할 수 없다. 왜냐하면 그 느낌은 나를 행복의 꼭대기로 올려놓는 그런 느낌이었기 때문이다."

H는 자랄 때 아버지처럼 되고 싶다고 말하곤 했는데, H가 16세 때 어머니가 경찰에게 아버지의 은닉처를 알려 주는 배신을 저질러서 아버지가 체포되었고 가스실에서 사형당했다는 걸 알게 되었다. H는 나중에 경찰에 자백할 때, "때때로 나는 그녀의 머리를 날려 버리고 싶다는 생각을 하였고… 때로는 입 속에 총을 넣고 뒤통수를 날려 보내고 싶었다…"라고 어머니에 대해 말했다.

법정 신경정신의 평가에 따르면, H에게는 자기 어머니가 가장 강렬한 성적 환상의 대상이었다고 한다. H의 엄마는 13세까지 오줌을 싸던 아들에게 손님들이 보는 앞에서 "오줌싸개"라고 부르며 아들을 때리고 조롱했다. 그녀의 남편들 중 하나는 H에게 오줌을 먹게 하고 손목에 라이터 연료를 놓고 불을 붙이는 등 잔혹한 체벌을 가했다. 엄마가 말리려고 하면 계부는 그녀의 머리를 벽에 짓찧었다. 그때부터 그녀는 계부와 한패가 되어 H를 적극적으로 학대하였다.

H는 7세 때 형과 강도짓을 했고, 12세 때 집행유예를 선고받았다. 그리고 1년 뒤 그는 6세의 여자아이와 '음탕하고 외설적인 행동'을 하여 캘리포니아 소년원으로 보내졌다.

그 이후로는 무장강도와 자동차 절도로 고소당했다. 습관적으로 무단결석을 했던 그는 17세 때 다섯 과목에서 F를 받고 고등학교에서 퇴학당했다. 그해 그는 첫 번째 결혼을 했다.

H는 싸움을 할 때 아내가 의식을 잃을 정도로 때리곤 해서 아내는 2번이나 혼수상태에 빠졌었다. 검사 결과 뇌구가 비정상적으로 크고 공동이 다소 확대되었으며 우측 전두엽에 손상을 입었음을 보였다.

H는 7번 결혼했다. 그는 아내들을 폭행했으며 때로는 그 정도가 매우 심해서 대부분의 결혼이 몇 달을 넘기지 못했다. 집을 나가겠다고 했던 아내는 아내의 부모가 폭행을 당했다. 그의 첫 번째 결혼은 H가 아내를 망치로 때리면서 끝이 났다. 그녀는 남자의 주된 환상의 대상이었던 남자의 어머니와 대치되었다.

23세 때 H는 5개 주州에 걸쳐 범죄 행각을 벌였다. 번호판과 차를 훔치고 바와 약국을 털면서 포위망을 벗어나다가 모텔 무장강도로 체포되어 유죄판결을 받았다. 5년형을 받고 감옥에 보내졌을 당시 면회 때 처음으로 6세 된 딸을 성희롱했다.

그는 30세가 되었고, J와 함께 이사 왔을 때 다섯 번째 부인과의 이혼이 마무리되지 않았었다. J를 만난 후 H는 23번 체포되었다. 이듬해 여름, H는 그의 직업인 운전기사 자리에서 쫓겨났다. 그는 자주 해고되었고, 그런 일이 생기면 늘 발기가 되지 않았다. 그 당시 고용인은 그를 부적절한 사람으로 기억했다. 그는 14세 된 딸에게 비역질을 시키면서 자기 생일을 자축했다. 결국 그의 딸은 당국에 6년간의 학대를 알렸고, H는 근친상간, 탈법적인 성행동, 비역질 그리고 구강성교와 같은 행위로 중형에 처하게 되었다. H는 재빨리 이름을 바꿨다. 훔친 운전면허증으로 새로운 출생증명서와 사회안전번호를 얻었고 다른 마을로 이사했다.

총 수집가인 H는 마지막으로 체포되기 직전에 반자동 장총, 자동 권총, 2개의 연발총 등을 가지고 있었다. 그때 그는 바텐더로 일했다. 바에서 일하는 동료들은 그를 여성과의 만남을 즐기는 사람으로 묘사했고, 직장에 있는 내내 여자들이 그에게 전화를 걸었다고 했다. 전화를 끊은 뒤 그는 여자들의 순위를 매기곤 했다. 많은 여자가 그를 '미스터 마쵸남자다운 사내'라고 불렀다. 그는 또한 술을 많이 마셨다. 한번은 J가 그에게 음주운전은 불법이라고 주의를 주자 '개 같은 법'이라고 했다. 그의 이러한 범죄행각으로 인해 그는 마침내 사형을 선고받았다.

많은 독자는 H의 행동을 정신과적 진단의 관점에서 평가하려는 것이 적절한 것인지 의아해할지도 모른다. H의 사례는 여러 가지 심리적 장애의 증상인 극단적인 반사회적 행동의 생생한 예를 보여 준다.

그의 행동 중에서 가장 놀라운 측면은 아마도 성적인 흥분과 가학적 행동 간의 관계가 너무도 극단적이어서 사람을 죽이기까지 한다는 점일 것이다. 그런 행동은 피해자에게 심리적·신체적 고통을 줌으로써 성적인 흥분을 느끼는 성도착 장애인 성적가학 장애의 증상이다.

H의 가학증상은 성적인 흥분만을 위한 것이 아니다. 그는 일생을 잔인하고 모욕적이며 공격적인 행동 패턴을 보여 왔다. 그는 관계에서 우위를 확보하기 위해 신체적인 가혹행위를 했으며, 협박을 통해 자기가 원하는 것을 다른 사람에게 강요하고, 폭력과 무기에 몰두하였다. 이런 성격 패턴은 DSM-III-R의 부록에 가학적 성격장애라는 진단으로 기술된다. 하지만 이러한 진단명은 DSM-IV에서 완전히 없어졌다.

H는 어린 시절에 도둑질과 무단결석을 시작으로 어른이 되어서는 강도, 강간, 살인을 저지르는 등 일생을 무책임하고 반사회적인 행동 패턴을 보였다. 이러한 패턴은 '반사회성 성격장애'에 해당된다.

뇌 단층 촬영과 신경심리검사에서 발견된 이상을 어떻게 해석해야 할지는 알기 어렵다. 우리는 그것이 단지 잦은 뇌 손상의 결과일 뿐인지 아니면 그 자체가 그의 병리적인 행동을 낮게 하는 요인인 잠재적인 뇌의 이상을 반영하는 것인지 확신할 수 없다.

H의 어린 시절 경험이 정신병리와 범죄행동을 하게 만든 한 요인이라는 점에는 의심할 여지가 없다. 다른 사람에게 신체적으로 피해를 입히는 사람들의 경우가 대개 그렇듯이, 그도 어린 시절에 심리적으로나 신체적으로 학대당했다. ◆

**더 알아보기**

## 성적가학 장애

성적가학 장애 환자들은 폭력을 사용하지만, 강간 기호증(Biastophilia)인 성범죄자가 폭력을 사용하는 것과는 다른 동기를 가진다. 강간 기호증 환자들은 원치 않는 낯선 사람들과의 성적 활동을 선호하지만, 가학적인 성범죄자들에게는 고통과 괴로움을 가하는 것 자체가 성적인 가치를 지닌다. 이런 이유로 가학적인 성범죄들은 피해자들의 순종에 개의치 않고, 때로는 폭력의 강도를 증가하며 폭력을 계속해서 행사한다. 극단적으로는 피해자를 사망에까지 이르게 하며 피해자의 신체를 절단하는 데까지 이르기도 한다. 가학적 범죄자들은 고통과 괴로움을 가하는 것 자체가 성적 가치이기 때문에 항상 피해자에게 성기를 삽입하지는 않는다. 미국 흉악범죄분석센터의 자료에 따르면 가학적 범죄에는 성적인 신체 결박(77%), 항문 강간(73%), 범죄자에 대한 피해자의 강요된 구강 성교(70%), 질 강간(57%), 피해자에게 이물질 삽입(40%), 둔기로 인한 외상(60%), 피해자 소유의 개인 물품에 대한 압류(40%) 등이 포함된다는 것을 밝혔다.

이와는 대조적으로, 오직 자발적인 파트너들에게만 고통과 창피를 주는 것을 추구하는 개인들도 존재한다. 이들은 관장 애호증, 피학증 등과 같은 도착증적 관심들을 그들의 순종적인 파트너들에게 행함으로써 성적으로 만족감을 느낀다.

# 8. 아동성애 장애

사춘기 전의 아동13세 이하과 성활동성기 희롱, 오랄 섹스 등을 하는 행위 또는 그 환상이 성적 흥분에 애용되거나 유일한 방법이 될 때 아동성애 장애라는 진단을 할 수 있다. 성교나 항문성교는 근친간 이외에는 매우 드물다.

DSM-5에서는 환자의 나이가 16세 이상일 때와 상대방보다 최소 5세 이상일 때 아동성애 장애로 진단 내리며, 법적으로 문제가 되는 도착증 중 가장 흔한 장애다. 환자가 남자인 경우에는 대상이 여자아이인 경우가 2배 더 많고, 8~10세의 소녀를 선호한다. 동성애적 남자는 이보다 더 나이가 많은 남자 어린이를 대상으로 한다. 중년 이후에 잘 일어나며, 희생자에 대한 지배와 통제의 욕구나 성적 무능감에 대한 병적 극복에서 기인한다고 본다.

일반적으로 아동성애 장애가 있는 사람들은 특정한 연령

**아동성애 장애 진단기준** (DSM-5; APA, 2013)

A. 사춘기 이전의 아동이나 어린이(보통 13세 이하)에 대한 성 행위를 중심으로 성적 흥분을 강하게 일으키는 공상, 성적 충동, 성적 행동이 반복되며, 적어도 6개월 이상 지속된다.
B. 이러한 성적 충동에 따라 행동하고, 성적 충동이나 공상이 뚜렷한 고통을 주며, 대인관계 어려움을 초래한다.
C. 개인은 적어도 16세 이상이고 기준 A의 아동보다 적어도 5세 이상의 연상이어야 한다.

주의: 12세 또는 13세 아동과 성관계를 맺고 있는 후기 청소년 기의 청소년들은 포함시키지 않는다.

 **DSM-5에서 달라진 진단 및 평가**

세분할 것
• 폐쇄적 유형(단지 아동에게만 성적인 매력을 느낀다.)
• 비폐쇄적 유형
세분할 것
• 성적으로 남아 선호
• 성적으로 여아 선호
• 성적으로 양성 모두 선호
세분할 것
• 근친에 국한되는 유형

범위의 아동에게 끌린다고 보고한다. 여아를 선호하는 사람들은 대개 8~10세의 아동을 선호하고, 남아를 선호하는 사람들은 대개 약간 나이 든 아동을 선호한다. 피해율은 여아가 약간 더 높다. 아동성애 장애가 있는 사람들은 아동에게만 성적 매력을 느끼는 경우폐쇄적 유형와 때로 어른에게도 매력을 느끼는 경우비폐쇄적 유형가 있다.

이들의 행위는 아동을 벗기고 바라보거나, 아동이 있는 자리에서 자위행위를 하거나, 아동을 만지거나 애무하는 정도에 머물기도 한다. 심한 경우에는 아동에게 구강성교를 행하거나 손가락과 이물질 혹은 남근을 아동의 질, 입, 항문에 넣으며, 반항할 경우 폭력을 사용한다. 이들은 자신의 행동에 대해 아동에게 교육적 가치가 있고 아동도 그런 행동으로부터 '성적 쾌락'을 얻을 것이라고 말하거나, 아동이 사람들의 성적 호기심을 자극하는 아동이었다고 변명하거나 합리화한다.

아동성애 장애가 있는 사람들의 성행위 영역은 친자식, 의붓자식, 친지에 국한되기도 하고 타인의 자녀로까지 확산되기도 한다. 이들은 아동에게 폭로하지 못하도록 위협하거나, 아동의 모친에게 신뢰를 얻는 방식으로 자신의 행위를 감춘다. 드물게는 후진국에서 온 아동을 기르거나 유괴하는 등 아동에게 접근하는 지능적인 방법을 개발하기도 한다. 성적가학 장애를 동반하는 경우를 제외하고는 아동의 애정과 관심, 충성심을 얻기 위해, 또는 아동이 성행위를 폭로하는 것을 막기 위해 아동의 요구에 관심을 기울이기도 한다.

발병은 보통 청소년기에 시작되지만, 중년이 될 때까지 아동을 보고 흥분해 본 적이 없다고 보고하기도 한다. 흔히 아동성애 장애가 일어나는 빈도는 정신사회적 스트레스에 따라 기복을 보인다. 경과는 만성적인데 특히 남아를 선호하는 경우 더욱 그러하다.

사춘기도 되지 않은 여자아이를 성희롱한 죄로 복역 중인 30대 A는 시골에서 초등학교 교육밖에 받지 못한 부모 밑에서 자랐다. A의 어머니는 성병이나 자위의 끔직한 결과와 같은 이야기를 해서 아들을 겁주었고, 모든 성행위는 더러운 것이며 남자들은 '짐승들'이라는 각인을 심어 주었다. 따라서 그는 자신의 이성애적 충동에 대해 그리고 여자아이들과 노는 것에 대해 죄의식을 느꼈고, 사춘기인 12세 때는 모든 이성애적 행위를 그만두었다. 자위는 사춘기가 오기 1년 전에 시작했다가 사춘기가 지나고 2년 후에 어머니의 경고 때문에 그만두었다. 청년기 동안에는 여자를 원하고 있으면서도 여자들 앞에서 수줍어했고 여자를 무서워했다. 여자들은 그를 '마마보이'라고 놀렸다.

A는 수말과 암말이 짝짓는 것을 보면 늘 성적으로 흥분

되었고, 이따금 자위를 하면서 동물과 접촉하는 환상을 하기도 했다. 그러나 그는 동물과 성행위를 한다는 생각이 여자애들과 성행위를 한다는 생각만큼 흥분되었던 적은 없었다.

18세 때 부르셀라라는 전염성 열병이 그 지역 농장에서 발생했고, A는 이를 성병과 관련지어 생각하면서 깊은 두려움에 사로잡혔다. 이는 분명히 그의 어머니가 주입시킨 두려움 때문이며, 그는 동물과의 접촉을 그만두었다. 성인과의 이성애적 행동이 없는 데다 자위를 하거나 동물과 접촉하는 데 대한 두려움이 있기 때문에 A는 성인기 이전의 패턴째 만족스러웠던으로 돌아갔고, 사춘기 이전의 소녀들과의 접촉을 추구하기 시작했다.

한 연구보고에 따르면, 1938년부터 1963년까지 수천 명과 면접하면서 얻은 광범위한 기록을 컴퓨터로 조사한 결과 96명의 사례에서 동물과 성행위를 한 것으로 드러났지만, 단 한 사례도 동물과의 접촉 또는 접촉에 대한 환상이 성적인 흥분에 도달하는 가장 선호하는 방식은 아니었음이 드러났다. 다른 성도착 장애와는 달리, 동물과의 성행위는 이 사례의 경우처럼 항상 2차적인 선택인지도 모른다.

A가 수감된 동기는 사춘기 이전 소녀들과의 성행위다. 따

라서 그에 대한 진단은 달리 분류되지 않는 성도착 장애동물애
호증를 동반하는 아동성애 장애로 진단 내릴 수 있다. A의 성적
인 흥미가 아이들에게만 제한되지 않는다는 것은 비폐쇄적 유
형이라고 세분화할 수 있을 것이다.

   35세 독신 남성인 소아신경정신과 의사 K는 6세부터 12세
까지의 이웃 남자아이들을 애무한 혐의로 유죄판결을 받았
다. 사람들은 K가 아이들을 특별히 잘 보살피고 도와준다
고 여겼기 때문에 그의 체포에 충격을 받고 당황했다. K는
아이들을 돌보는 직업을 택했을 뿐만 아니라 몇 년 동안 소
년단의 지도자로 일했으며, 지역 청소년 보호위원이기도
했다.
   K는 안정된 가정 출신이다. 역시 의사였던 그의 아버지
는 일중독자라고 묘사되었는데, 3명의 아이들과 거의 시간
을 함께 보내지 않았다고 한다. K는 결혼한 적이 없으며, 정
신과 의사와의 면담에서 여자들에게는 어른이건 아이건 거
의 성적인 매력을 느끼지 못했다고 시인했다. 그는 또한 성
인 남자에 대한 성적인 끌림도 부인했다. 자신의 심리성적
인 발달사를 이야기하면서, 그는 어렸을 때 남자 친구들이
여자아이들에게 끌린다는 초보적인 자각을 표현하기 시작
했을 때 다소 당황했다고 했다. 그 당시 그의 비밀은 다른

남자아이들에게 더 끌린다는 것이었고, 아동기 동안 소년들과 의사놀이를 했을 때는 몇몇 아이와 서로 자위를 시켜 주기도 했다.

K의 첫 번째 성경험은 6세 때였는데, 15세였던 남자 캠프 보조자가 여름 코스 동안에 수차례 그에게 펠라치오를 하게 했다. 그 경험은 그에게 항상 남아 있었다. 십대가 되자, 그는 자신이 동성애자라는 의심을 하기 시작했다. 더 나이가 들면서 그는 자신이 성적으로 끌리는 남자들의 나이 범위가 달라지지 않음을 알고 놀랐으며, 6세에서 12세 사이의 남자아이들에 대한 반복적인 성적 충동과 환상을 계속해서 갖게 되었다. 자위를 할 때마다 그는 그 나이 범위의 소년들에 대한 상상을 하곤 했으며, 한 해에 2번 정도 그 나이의 아이들과 사랑에 빠지는 자신을 느꼈다.

머리로는 다른 사람들이 아이들과의 성적인 관계를 인정하지 않을 거라는 걸 K도 알았다. 하지만 그는 자신이 어린 아이들에게 해를 끼친다고는 믿지 않았으며, 오히려 만족스러운 감정을 서로 나눌 뿐이라고 느꼈다. 그는 똑같은 감정을 여성에게서 경험할 수 있기를 열망했지만, 한 번도 그렇게 할 수가 없었다. 그는 그의 행동이 발각되지 않기를 기원했다. 그만두리라고 스스로에게 다짐했지만 유혹 때문에 멈출 수 없었다. 그는 자신의 명성과 친구들과 직업을 잃을 것이 너무 두려워서 아무에게도 자신의 문제를 말할 수 없었다.

K는 사춘기 이전의 소년들과의 성행위와 관련된 반복적이면서도 강렬한 성적 충동과 성적 흥분을 일으키는 환상을 경험한다. 그는 여러 차례 이러한 충동과 환상에 따라 행동해 왔다. 이것만으로도 아동성애 장애 진단을 내리기에 충분하다. 만일 K가 이러한 충동과 환상에 따라서 행동한 적은 없지만 그로 인해 명백히 고통스러워한다면, 그때도 역시 아동성애 장애라는 진단이 가능하다.

DSM-III에서는 소아기호증이라는 진단을 내리기 위해서 이탈적인 성행동이 성적인 흥분을 일으키는 가장 선호되는 원천이라는 조건이 필요했다. 그러나 DSM-III-R부터 DSM-IV까지는 반드시 이런 조건이 필요한 건 아니었다. 왜냐하면 아동성애적 충동에 따라 행동하는 사람들 중 많은 경우에 일탈된 성적인 행동이 다른 성도착적 행동이나, 보다 일상적인 성행동으로 바뀌기도 하기 때문이다. K의 경우 그의 일탈된 행동이 동성에게 향하고 있음을 알 수 있다.

동성에 대한 선호를 보이는 아동성애 장애 환자가 이성에 대한 선호를 보이는 아동성애 장애 환자보다 2배 정도 재발률이 높다는 점에서 이 사례는 예후적 의미를 지닌다. 또한 그는 어린 소년에게서만 성적인 흥분을 느끼며, 상대적으로 좁은 범위의 연령대 소년에게만 그렇다는 점을 알 수 있다. 따라서 남성 선호와 폐쇄적 유형이라고 좀 더 세분화된 진단을 내릴 수 있다.

성적가학 장애를 가지지 않은 아동성애 장애의 남자들처럼, K는 자신이 아이들에게 진정한 관심을 가지고 있으며, 어떤 식으로든 아이들에게 해를 끼치지 않았다고 자신의 행동을 합리화했다.

추가적으로 국내 사건 사고·기사를 통해 사례를 정리해 보도록 하자.

최근 한 남성 소아과 의사가 어린아이들을 성적으로 묘사한 사진을 소유하고 있었을 뿐만 아니라 어린아이와 성적 관계까지 나눈 사실이 들통나 영국 전역이 충격에 휩싸였다. 올해 31세의 라자 라스카는 소아과에서 일하며 어린아이들을 돌봐왔지만, 혼자만의 시간에는 어린아이와 성관계를 즐기고 음란한 이미지 등을 보는 끔찍한 두 얼굴을 가졌다.

영국 서부의 그레이터 맨체스터에서 합법적으로 일해 오던 그는 최근 경찰의 갑작스러운 단속에 꼬리를 잡혔다. 단속에 걸린 대부분의 사람은 전과가 없었으며, 이 중에는 학교에서 화학과목을 가르치는 66세 남성 등 어린 학생들의 존경을 받아야 하는 직업과 위치에 놓인 사람들이 많았다. 체포된 50세 기혼남의 노트북에서는 총 8,554장의 어린이 음란 사진과 246건의 동영상이 발견되었으며, 동영상 중에는 어린이를 학대하는 내용을 담은 23분 분량의 제작영상이 포함돼 있었다. ◆

**더 알아보기**

### 성적 연령 선호

성적 대상의 신체적 성숙에 따라 선호하는 성애 연령은 4가지로 분류될 수 있다. 아동에 대한 강력하거나 선택적인 성적 관심은 소아기호증(현재의 아동성애 장애)이라고 불리며, 사춘기 아이들에 대한 관심은 청소년기호증, 신체적 성숙과 신체적 쇠퇴의 시기 사이의 사람들(대략 17~45세)에 대한 (정상적인) 선호는 성인기호증, 중년에 대한 강력하거나 선택적인 관심은 노인기호증이라고 불린다. 이 중 성인기호증을 제외한 나머지 선호들에 대해서는 성도착 장애가 고려된다.

소아기호증과 청소년기호증은 전형적으로 아동의 가슴, 엉덩이, 혹은 성기를 만지는 것이고, 설득당한 아동이 범죄자를 만지거나 구강성교를 하는 것으로 이루어진다. 몇몇 환자는 종종 아이들에게 성적 관심이 있는 것뿐만 아니라 그들과 낭만적인 애착을 경험한다고 보고하기도 한다. 소아기호증과 청소년기호증은 아동 성추행 사례들에 대한 동기를 제공하지만, 이런 성적 연령 선호가 아동들에 대한 성범죄와 아주 밀접하지는 않다고 한다.

소아기호증이 더욱 널리 논의됐을지라도 청소년기호증 또한 큰 사회적·임상적 문제일 수 있다. 아동에게 성적 관심을 가진 익명의 사회 집단에 대한 조사에서는 사춘기 이전의 연령에 대한 끌림보다 사춘기 연령에 대한 끌림이 더 빈번하게 보고되었다. 또한 클리닉과 교정 시설 등에서 모집된 성범죄자들의 표본에서 청소년기호자의 수가 소아기호자의 수를 넘어서기도 한다. 노인기호증에 대해서는 잘 알려지지 않았는데, 인터넷에는 노령인 여성들의 성적인 묘사에 전념하는 사이트들이 많이 있다. 한 연구자는 강간 피해자들의 2~7%가 나이 많은 여성들이며, 동성애적 노인 기호 성범죄 또한 존재한다는 것을 알렸다.

# 9. 성애물 장애

성애물 장애에서의 성도착 장애적 초점은 무생물의 사용이다. 흔히 사용되는 물건으로는 여성의 내의, 브래지어, 스타킹, 신발 또는 기타 착용물이 있다. 성애물 장애가 있는 사람들은 물건을 만지거나 문지르거나 냄새를 맡으면서 자위행위를 하거나, 성교시 상대방에게 그런 물건을 착용하도록 요구한다. 보통 성적 흥분을 위해서 그런 물건들이 필요하며 그런 물건이 없을 경우에는 발기부전이 일어나기도 한다. 그러나 의상전환 장애에서와 같이 옷 바꿔 입기에 사용되는 여성 의류에 국한되거나 성기 자극을 위해 고안된 물건이 사용될 때는 성애물 장애라고 진단되지 않는다. 아동기에 기호물에 대한 특별한 의미가 부여되기는 하지만, 발병은 보통 청소년기에 시작된다. 일단 발병하면 성애물 장애는 만성화된다. 다음에 제시되는 성애물 장애 환자의 사례를 통해 성애물 장애의

**성애물 장애 진단기준** (DSM-5; APA, 2013)

A. 무생물인 물건(예: 여성 내의)을 사용하거나 생식기가 아닌 몸의 부위에 매우 특정한 초점을 둔 것을 중심으로 성적인 흥분을 강하게 일으키는 공상, 성적 충동, 성적 행동이 반복되며, 적어도 6개월 이상 지속된다.

B. 이러한 성적 공상, 성적 충동, 성적 행동이 임상적으로 심각한 고통이나 사회적, 직업적 또는 기타 중요한 기능 영역에서 장애를 초래한다.

C. 기호물이 옷 바꿔 입기에 사용되는 의류 품목(의상전환 장애)이나 촉감으로 성기를 자극하려는 목적을 의도하여 만들어진 특정한 기구(예: 진동기)에 국한되지 않는다.

 **DSM-5에서 달라진 진단 및 평가**

세분할 것
• 성 불쾌감이 있는 것

세분할 것
• 몸의 부위(들)
• 무생물(들)
• 다른 사람(것)

세분할 것
• 통제된 환경: 성애물적 행동에 관여할 기회가 제한되는 다른 장소나 또는 기관에서 생활하는 개인에게 주로 해당된다.
• 완전한 완화: 통제되지 않은 환경에서 최소 5년 동안 사회적, 직업적 또는 다른 중요한 기능 영역에서 고통이나 장애를 갖지 않는다.

진단 특징을 살펴보자.

DSM-5에서는 성애물적 관심에 따라 세분하는 기준이 추가되었다. 성애물적 관심이 몸의 부위인지, 무생물인지, 다른 사람 것, other인지를 세분하도록 한다. 또한 대상이 성애물적 행동의 기회가 제한되는 장소 즉, 성애물적인 행동을 하기에 통제된 환경에서 생활하는지 세분하고, 또한 통제되지 않은 환경에서 최소 5년 동안 사회적, 직업적 또는 다른 중요한 기능 영역에서 고통이나 장애를 갖지 않는다면 완전하게 완화되었음을 세분할 것을 추가하였다.

또한 DSM-5에서는 절편음란증partialism, 즉 신체 부위에 대한 배타적인 초점을 성애물 장애의 범위 안으로 재통합시켰다. 이는 무생물 물건과 신체부위 둘 다를 포함한 주물 더러운 양말과 발에 성적 매력을 부여하는 것은 드물지 않기 때문이고, 역사적으로도 DSM-III 전에는 물품음란증fetishism 안에 포함되어 온 이력이 있다.

프리랜서 사진작가로 활동하고 있는 32세의 독신 남성 B는 '비정상적인 성욕'을 주요 문제로 호소해 왔다. B는 자신이 여성들에게 다소간 성적으로 유혹되기는 하지만 훨씬 더 유혹을 받는 것은 '여자들의 팬티'라고 했다.

B의 기억에 따르면, 성적 흥분은 그가 7세 때 시작되었으

며, 그때 그는 포르노 잡지에 실린 팬티를 입고 있는 반나체의 여자 사진을 보고 자극을 받았다고 한다. 그의 첫 번째 사정은 팬티를 입고 있는 여자에 대한 환상을 하면서 자위를 했던 13세 때였다. 그는 몰래 훔친 누나 팬티를 입고 자위를 했다. 계속해서 그는 여자 친구의 팬티를 훔쳤고 사회에서 만난 다른 여성들의 팬티도 훔쳤다. 그는 여자들의 침실을 둘러볼 수 있는 핑계를 찾았고, 만족스러운 팬티를 찾을 때까지 여성들의 소지품을 재빨리 뒤지곤 했다. 그는 훔친 팬티를 입고 자위를 하고 나서는 자기만의 은닉처에 훔친 팬티들을 보관하였다. 여성들의 속옷을 입고 자위를 하는 패턴은 청소년기 때부터 지금까지 성적 흥분과 오르가슴을 얻는 최고의 방법이었다.

첫 번째 성경험은 20세 때였다. 그 후로 그는 많은 성경험을 가졌는데, 그가 가장 선호했던 파트너는 성행위를 하는 동안 가랑이가 트인 팬티를 입는 대가로 돈을 주고 성교를 했던 창녀였다. 아주 드물게 팬티를 입지 않은 여자와 성행위를 할 때도 있었는데, 그럴 때는 성적인 흥분을 별로 느끼지 못했다.

B는 근사한 여자들과 데이트를 할 때는 불편감을 느꼈다. 왜냐하면 서로의 호감이 성적인 끌림으로 이어지게 되면 여자들은 그의 성적 욕구를 이해하지 못할 것이기 때문

이었다. 그래서 그런 여자들을 만날 수 있는 사교적인 모임을 피했다. 사회생활이 자신의 성적 취향 때문에 제한되었기 때문에 그는 불안하고 우울했다.

B는 그의 어머니가 갑작스럽게 돌아가신 직후 상담을 하기 위해 찾아왔다. 그는 몹시 외로웠지만 자기의 비정상적인 성행위를 통해 느꼈던 만족은 자기가 그러한 성행위를 그만두기를 원하는지 아닌지조차도 확신할 수 없게 만든다는 것을 알고 있었다.

B가 기억하는 첫 번째 성적인 흥분은 팬티를 입은 여자의 사진을 보고 나서다. 그 후로 B는 스스로 무생물 대상 혹은 무생물 대상의 사용-팬티만 있거나 여자가 팬티를 입고 있는 경우과 관련된 반복적이고 강렬한 성적 충동이나 성적 흥분을 일으키는 환상을 느꼈고, 그에 따라 행동하였다.

성애물 장애는 의상전환 장애와 얼핏 유사해 보인다. 그러나 성애물 장애는 생명이 없는 대상사례의 경우에는 여성의 옷이 그 자체로 저절로 성적인 흥분을 일으키지만, 의상전환 장애에서는 여성의 옷만으로는 성적인 자극을 불러일으키지는 못하며 다른 성의 옷을 입을 때에야 가능하다.

성도착 장애의 사례에서 전반적으로 그러하듯이 일탈된 성적 행동은 쾌락을 주지만, 자기비하감에 빠지고 드러날까 봐

두려워하거나 범죄행위로 구속되는 등의 부정적인 결과를 초
래한다.

식료품 가게 점원으로 일하는 26세의 독신 남성 N은 6개
월 동안 대인관계 문제로 상담 받던 중 정신병원에 의뢰되
었다.

거의 성적인 행위가 없었던 지난 3~4년 전에 N은 성적
으로 좌절하게 되면서 공중화장실에 갔다. 화장실에서 N은
변기 물을 잠그고 성적으로 매력적인 남자가 들어오기를 기
다렸다. N은 상대가 일을 다 볼 때까지 기다렸다가 배설물
을 취해서 비닐봉지에 담아서 집으로 가져갔다. N은 대변을
데워서 가지고 놀았는데, 이러한 행위는 그를 성적으로 흥
분시켰다. 그런 뒤 그는 자위를 해서 오르가슴을 느꼈다. 이
러한 행동은 대략 한 달에 한 번 꼴로 일어났다. 그는 자신
의 '사회적으로 받아들일 수 없는 짓' 때문에 상당한 죄의식
을 느끼고 걱정을 했다.

N은 동성애자이지만 게이 바에 가는 걸 극도로 꺼렸다.
가더라도 아주 잠깐 있을 뿐이었고, 그곳에서 15분이나
20분 이내에 누군가가 접근하지 않으면 바를 떠났다. 그는
룸메이트와 아파트를 함께 쓰고 있었지만 그와는 정서적으
로 끌리지 않았다. 그는 아주 제한된 범위의 친구만이 있을

뿐이었다.

N은 사춘기 초기부터 화장실에 있을 때 유혹을 느꼈다. 초기의 성적인 접촉 중 몇 번은 화장실 안에서 이루어졌다. 한번은 오줌 때문에 흥분하기도 했지만 자주 일어나는 일은 아니었다.

N은 어린 시절 내내 외로웠다고 기억한다. 어린 나이에 다른 소년들에게 느낀 성적인 유혹은 자신을 또래와는 다른 별종으로 느끼게 하였고, 사회적으로 고립되게 만들었다. 그의 첫 성행위는 17세 때 집단으로 자위를 하면서였다. 18세부터는 동성애를 하기 시작했다. 이러한 경험은 계속 이어졌고 그는 한 번도 이성애적 흥분이나 이성애적 행위에 빠져 본 적이 없다.

N은 키가 작고 약간 비만이었으며 다소 근육질에다 촌스럽게 옷을 입었다. 면담을 하는 동안 그는 긴장하고 경직되어 있었으며, 특히 성적인 행동을 설명하는 동안에는 더욱 그랬다. 그는 감정적으로 억제되어 있었다. 그는 우울감을 호소하였으나 우울 증상과는 관련이 없었다. 그의 말은 잡다하게 자세한 내용을 포함하고 있었으며, 말을 하다가 엉뚱한 방향으로 흐르기도 했다. 그러나 정신병적 증상의 근거는 없었다.

N의 경우처럼 변을 이용하여 성적인 흥분을 얻는 것을 어

떻게 진단 분류할 수 있을까? DSM-5에는 달리 분류되지 않는 성도착 장애의 한 가지 예로 오물도착증또는 분변애호증이라고도 한다.이 있다. 오물도착증은 배변행위를 관찰하거나 배변행위를 함으로써 흥분을 하는 것이다. 하지만 N의 경우에 자극이 되는 것은 대변 그 자체다. 따라서 성적 흥분을 하는 데 있어서 여성의 속옷과 같은 무생물 대상을 이용하는 경우와 차이가 없어 보인다. 하지만 이 사례를 달리 분류되지 않는 성도착 장애가 아닌 성애물 장애라고 분류하는 것이 치료에 중대한 함의를 줄 것 같지는 않다. 사회적으로 고립되어 왔던 과거력이나 사람들과 관계를 맺을 능력이 없다는 점을 고려할 때, 달리 분류되지 않는 성격장애나 잠정적으로 분열성 성격장애로 진단을 내리는 것이 합당해 보인다.

추가적으로 국내 사건·사고 기사를 통해 사례를 정리해 보도록 하자.

### 〈몸의 부위〉

자취방에서 혼자 자고 있던 여대생 A는 이상한 느낌이 들어 잠에서 깼다. 깜깜한 어둠 속에서 서서히 정신을 차린 A는 자신의 손을 살며시 쓰다듬고 있는 침입자를 발견하고는 공포에 질려 소리쳤다. 고함 소리에 놀란 침입자는 부리나케 도망쳤다.

며칠 뒤 새벽, 인근 가정집에 또 이 추행범이 침입했다. 잠기지 않은 문을 열고 들어간 남성은 자고 있는 63세의 주부 B의 옆에 가만히 앉아 손을 만지기 시작했다. 다른 곳은 만지지 않았다.

잠에서 깬 B는 놀라 "사람 살려!"라고 소리쳤고, 남성은 바로 도주했다. 이렇게 2달 동안 서대문·은평구 일대에서 비슷한 내용의 경찰 신고가 6건 쏟아졌다. 수사에 나선 경찰은 CCTV에 찍힌 범인의 인상착의를 토대로 탐문수사를 벌여 범인을 붙잡았다.

범인은 마포구의 한 치킨집 종업원 27세의 이 씨였다. 그는 경찰 조사에서 "여성의 나이나 외모는 상관없이 밤만 되면 여자 손을 만지고 싶은 욕구를 주체할 수 없었다."고 털어났다. 장소도 가정집부터 마사지 업소까지 다양했다. 피해자들은 "손 이외에 다른 곳을 만지진 않았다."고 말했다.

이 씨는 경찰에게 이런 성도착 증세가 시작된 것은 중학교 시절부터라고 했다. '포크댄스' 등 단체로 춤을 출 때 잡은 여학생의 손이 야릇하게 느껴지며 손에 대한 집착이 시작됐다는 것이다. 이 씨는 이후 「성폭력범죄의 처벌에 관한 특례법」 위반 등 혐의로 기소돼 항소심에서 원심을 깨고 징역 2년에 정보공개 3년을 선고받고 치료감호에 처했다.

〈물건〉

27세의 김 씨는 최근 서울 동작구에 위치한 한 신경정신과를 방문했다. 스스로 자신을 용납하기 어려웠기 때문이다. 그의 고통은 중학교 때부터 시작됐다. 형의 여자 친구가 벗어 놓은 구두를 보며 야릇한 기분을 느낀 뒤부터 여자 물건만 보면 성적으로 흥분했다. 일종의 페티시즘(이성이 몸에 걸쳤거나 입던 것을 애무하며 만족하는 것)이었다. 김 씨는 점차 그것에 탐닉했고, 어느 순간부터는 직접 여자 옷 등을 훔치거나 샀다.

그러나 사촌 누나의 소지품을 본 뒤 흥분은 괴로움으로 바뀌었다. 대상을 가리지 않고 성적 상상에 사로잡히는 자신에게 혐오감을 느끼게 된 것이다. 문제는 대학에 입학하면서 더 심각해졌다. 그는 학교생활을 원만히 할 수 없었고, 휴학과 복학을 반복했다. 대학에 입학한 건 8년 전이지만 그는 아직도 2학년이다. 혼자 자취를 하고 있는 그는 자취방을 여자 방처럼 꾸며놓고 혼자 있는 시간엔 여자 옷을 입으며 지낸다. 그의 마음엔 늘 그늘이 져 있다. 남자를 봐도, 여자를 봐도 그는 좌불안석이다. 성격은 나날이 소심해지고 내성적이 되었다. ◆

**더 알아보기**

### 성애물 장애

성애물 장애는 대상의 성적 관심이 표현형적으로 평범한 사람들의 생식기가 아닌 물건 혹은 물건의 특성에 초점을 둔 성도착 장애다. 이 용어는 인공남근, 복장 혹은 밧줄 같이 단순히 성적 활동의 보조적인 역할이라기보다 물건이 중심 특성을 나타내는 경우에 적용된다.

한 의과대학 부속병원에서 20년간 수집된 48개의 사례들을 다음과 같이 구분하였는데, 그 물건들은 옷(58.3%), 고무와 고무로 된 물건(22.9%), 신발(14.6%), 신체 일부(14.6%), 가죽과 가죽으로 된 물건(10.4%), 그리고 부드러운 물건과 직물(6.3%)을 포함했다.

### 재료 성애물 장애

재료 성애물 장애(stuff fetishism)는 고무, 가죽 혹은 모피 같은 특정한 재료에 성적 관심을 나타내는 것이다. 재료 성애물 장애인 사람은 자위에 사용하기 위해서 이런 재료들로 구성된 물건을 찾는다. 다음은 이에 해당하는 사례다.

결혼 15년 차에 W의 부인은 사망했다. W는 또 다른 동반자를 얻기 위해서 노력하지 않았는데, 그는 "스스로를 상당히 잘 돌볼 수 있다."며 그의 집을 온통 같은 재질의 커튼들로 둘러쌌고, 고무 옷으로 가득한 두 개의 큰 벽장, 방독면, 사진 장비와 기타 장비를 가진 '고무 방'을 만들었다. 이후에 그는 그의 공상 중 몇몇을 실행하기 위해서 매춘부들을 불렀고, 지금은 그의 집에 만족하며 더 이상 매춘부들을 부르지 않고 있다.

## 옷 성애물 장애

옷 성애물 장애(clothing fetishism) 환자에 의해 선택된 옷들은 성을 상징하는 물건이 대표적이다(하이힐, 브래지어, 팬티 등). 옷 성애물 장애 환자의 행동은 옷을 빨거나 옷에 키스를 하고, 생식기에 옷을 비비거나 옷을 입는 것 등이 포함된다. 하이힐이나 팬티스타킹 같이 여성성을 대표하는 옷을 남성이 착용하는 것은 의상전환 장애와 비슷한데, 의상전환 장애 환자들은 여성스러운 특성을 얻는 것에 대한 심상을 돕기 위해 옷이 필요하다면, 옷 성애물 장애 환자는 신체적인 느낌을 위해 옷을 입는다. 동성애자 중에서도 이런 증상을 나타내는 경우가 있다. 예를 들면, 남성 환자가 남성의 속옷이나 부츠나 윙 팁 같은 남자다운 신발을 선택하는 경우다. 많은 성도착 장애가 활동적이지만, 옷 성애물 장애는 정적인 특성이 있다. 그러나 몇몇 사람은 옷을 구하기 위해 절도를 저지르기도 한다.

## 신체 부위에 대한 초점

DSM-5에서는 몸의 부위나 물건 등을 구분하도록 하였다. 이때 몸의 부위와 물건에 대한 성적 관심이 같이 발생하는 경우가 있다. 예를 들어, 가장 대표적인 성애물 장애의 신체 부위로 발을 떠올릴 수 있는데, 종종 발에 대한 성적 관심을 가진 성애물 장애 환자들이 신발에도 초점을 맞출 수 있다는 것이다. 다음의 사례를 보자.

A는 여성의 발 냄새를 맡거나 그들의 발가락을 빠는 페티시적 공상과 함께 자주 자위행위를 해 왔다. 그는 안마 시술소를 방문해서 여자 안마사와 그의 공상을 실행에 옮겼다. 그는 보통 여성의 발 냄새를 맡거나 빠는 동안 발기가 되었고 이것은 자위로 이어졌다. 그는 또한 길거리에서 만난 여러 여성에게 그가 그들의 발 냄새를 맡아도 되는지 물어봤다. 집에 그 혹은 그의 부인에게 방문객이 찾아왔을 때, 그는 여성 방문객들의 신발 냄새를 맡기 위해서 아래층으로 가곤 했다.

만약 성애물 장애 환자가 동성애자라면, 남성 환자들은 다른 남성의 발에 매혹될 수 있다.

# 10. 의상전환 장애

의상전환 장애의 초점은 옷을 바꿔 입는 것이다. 보통 의상
전환 장애를 가진 남자는 여자 옷을 수집하여 옷을 바꿔 입는
데 사용한다. 옷을 바꿔 입고 있는 동안은 자신을 성적 공상
속의 남자 주인공과 상대방 여성이라고 상상하면서 자위행위
를 한다. 이 장애는 이성애적인 남자에게서만 보고되고 있다.
옷 바꿔 입기가 성불편증의 경과 중에만 나타날 때는 의상전
환 장애라고 진단되지 않는다.

복장도착적 현상은 때때로 혼자서 여성 옷을 입는 경우에
서부터 복장도착적 소집단에 참여하기까지 그 정도가 다양하
다. 어떤 남성은 남성 복장에 여성 의복의 한 종목만 착용하고
예: 내의 또는 양말, 어떤 남성은 전체적으로 여장을 하고 화장을
한다. 이들이 얼마나 성공적으로 여장을 하느냐는 신체 습관,
옷을 바꿔 입는 기술에 달려 있다.

이들이 의상전환 장애를 보이지 않을 때는 보통 남성의 복장을 착용한다. 기본적인 선호 대상은 이성이지만 성교 상대가 매우 소수이거나 동성연애를 하기도 한다. 때로 성적피학 장애가 동반되기도 한다.

의상전환 장애는 전형적으로 아동기나 초기 성인기에 옷 바꿔 입기를 하면서 시작된다. 많은 경우 성인이 될 때까지 대중 앞에서는 옷 바꿔 입기를 하지 않는다. 최초의 경험은 부분적인 복장 바꿔 입기나 전체적인 복장 바꿔 입기로부터 시작되며, 부분적인 옷 바꿔 입기는 흔히 완전한 복장 바꿔 입기로 진행된다. 선호하는 옷은 그 자체가 성적 자극물이 되고 처음에는 자위행위 시에 사용되다가 점차 성교 시 습관적으로 사용된다.

일부 개인에 있어서는 옷을 바꿔 입는 동기가 시간이 지남에 따라 임시적으로나 영구적으로 바뀌게 되어 옷 바꿔 입기에 따른 성적 흥분이 감소되거나 사라지게 된다. 그러한 경우 옷 바꿔 입기는 불안이나 우울을 완화하는 수단이 되며 평온과 안락감을 가져다주는 데 기여한다.

DSM-5에서는 의상전환에 연관된 증상에 따라 세분하는 기준이 추가되었다. 의상전환과 함께 페티시즘적 특징이 있는지, 또는 대상이 자기여성화 도착증Autogynephilia가 있는지를 세분하도록 한다. 먼저, 의상전환 장애는 성애물 장애와 구별하

**의상전환 장애 진단기준** (DSM-5; APA, 2013)

A. 옷을 바꿔 입기를 중심으로 성적 흥분을 강하게 일으키는 공상, 성적 충동, 성적 행동이 반복되며, 적어도 6개월 이상 지속된다.
B. 이러한 성적 공상, 성적 충동, 행동이 임상적으로 심각한 고통이나 사회적, 직업적 또는 기타 성적 중요한 기능 영역에서 장애를 초래한다.

 **DSM-5에서 달라진 진단 및 평가**

세분할 것
• 페티시즘과 함께: 섬유, 직물, 의류로부터 성적인 흥분을 느낀다.
• 자기여성화 도착증과 함께: 자신(남성)이 여자가 되는 것을 상상하거나 생각함으로부터 성적인 흥분을 느낀다.
세분할 것
• 통제된 환경: 옷을 바꿔 입을 기회가 제한되는 다른 장소나 또는 기관에서 생활하는 개인에게 주로 해당된다.
• 완전한 완화: 통제되지 않은 환경에서 최소 5년 동안 사회적, 직업적 또는 다른 중요한 기능 영역에서 고통이나 장애를 갖지 않는다.

는 것이 중요하다. 이 장애는 거의 남성에게 발병하는 장애로서 옷을 바꿔 입는 것에 초점을 둔다. 성애물 장애는 생식기가 아닌 무생물, 물건, 신체 특정 부위 등에 초점을 맞추는 것임을 구분할 줄 알아야 한다. DSM-5에서는 이런 점을 유의하면서도 페티시즘과 함께 발병할 경우를 세분한다. 의상전환에 성적 흥분을 느끼며 동시에 섬유, 직물, 의류로부터 성적인 흥분을 느낀다면 이를 세분해야 한다.

또한 남성의 의상전환 장애는 흔히 자기여성화 도착증을 동반하는데, 이는 성반전 기호증 중에서 남성이 여성이 되는 것을 상상하는 도착 증상이다. 이런 판타지와 행동들은 자신이 여성의 생리학적 기능을 보이는 것에 대한 생각예: 젖 분비, 생리에 초점을 맞출 수 있고, 여성스러운 행동예: 뜨개질이나 여성의 몸을 소유하는 것예: 유방에 사로잡힐 수 있다. 대상이 의상전환적 행동을 하면서 자신이 여자가 되는 것을 상상하거나 생각함으로부터 성적인 흥분을 느낀다면 자기여성화 도착증으로 세분해야 한다. 이는 성불편증과 구별하는 것이 중요하다. 자기여성화 도착증은 자신의 성에 불쾌감, 부적절감을 갖지 않고, 자신을 반대 성에 대해 강한 동일시를 보이지 않는다. 자기여성화 도착증의 초점은 남성이 여성이 됨을 상상함으로써 얻는 성적 흥분에 있다.

이렇게 2가지로 세분하는 데 있어서 '페티시즘'의 존재는

의상전환 장애가 있는 남자의 성불편증gender dysphoria 가능성
을 감소시키고, 자기여성화 도착증의 존재는 의상전환 장애
가 있는 남자의 성불편증 가능성을 증가시킨다고 확인해 볼
수 있겠다.

DSM-5에서는 대상이 옷을 바꿔 입을 기회가 제한되는 장
소 즉, 의상 전환 행동을 하기에 통제된 환경에서 생활하는지 세분하고,
또한 통제되지 않은 환경에서 최소 5년 동안 사회적, 직업적
또는 다른 중요한 기능 영역에서 고통이나 장애를 갖지 않는
다면 완전하게 완화되었음을 세분할 것을 추가하였다.

이들에게는 특히 우울 증상이 동반되거나 동반되지 않는 스
트레스 상황에 있을 때 성에 대한 불쾌감이 나타난다. 이 경우
자신의 성에 대한 불쾌감이 임상 증상으로 고정되어 여장을 하
고 싶거나 영원히 여자로 살고 싶고, 호르몬이나 외과적 치료
를 받으려는 욕망을 느끼게 된다. 이들은 자신의 성적 특성에
대한 불쾌감이 나타나면 대개 치료를 받으러 온다. 성정체감에
대한 불쾌감이 있다는 것은 임상가로 하여금 성정체감에 대한
혐오가 의상전환 장애의 일부 증상임을 알 수 있게 해 준다.

전직 선장 출신의 65세 경비원 A는 밤에 집에서 나이트
가운을 입지 못하도록 하는 아내 때문에 고통스러워한다.
여자 옷을 입을 때를 빼면 그의 외모와 행동은 항상 남성적

이며 성욕 또한 이성에게만 느끼는 이성애자다. 하지만 지난 5년 동안 그는 남자 옷을 입을 때조차도 눈에 띄지 않게 수시로 여자 옷가지 중에서 하나를 걸쳤다. 어떤 때는 팬티를, 어떤 때는 핑크빛 팔찌를 차기도 했다. 그리고 항상 여장을 한 자기 사진을 가지고 다녔다.

여자 옷을 입는 데 흥미를 느꼈던 그의 첫 번째 기억은 12세 때 누나의 승마복을 입었던 일인데, 그때 성적인 흥분이 뒤따랐다. 그 후 주기적으로 여성의 속옷을 입었는데, 그러면 발기하고 때로는 저절로 사정했으며, 이따금씩 자위행위를 했다. 비록 그는 가끔 여자였으면 하고 바랄 때가 있었지만, 한 번도 자신이 여자라는 몽상에 빠진 적은 없었다. 그는 다른 소년들에게 경쟁적이고 공격적이었으며, 항상 '남자답게' 행동했다. 독신이었을 때 그는 항상 여자들에게 끌렸지만, 섹스에 대한 부끄러움이 있었다. 22살에 결혼한 후에 그는 첫 번째 성교를 하게 되었다.

여성의 옷에 대한 집착은 결혼 후에도 똑같은 강도로 남아 있었으며, 45세 때 잡지를 보고 난 뒤 그의 옷 바꿔 입는 행동은 늘어났다. 그는 잡지를 통해 자기 같은 사람들이 많이 있음을 알았으며, 점점 더 여자 옷을 입는 공상에 빠져들었고, 주기적으로 완전히 여장을 하기에 이르렀다. 최근에 그는 복장도착자 모임에 가입했고, 잡지를 통해서 알게 된

다른 복장도착자들에게 편지를 쓰기도 했으며, 수시로 복
장도착자 파티에 참석하였다. 이러한 파티에서 옷을 바꾸
어 입는 것은 그가 집 밖에서 옷을 바꾸어 입는 유일한 경우
였다.

비록 결혼한 상태였지만, 그의 생각과 행동이 점차 옷 바
꿔 입는 데 쏠리면서 아내와의 섹스는 점차 줄어들었다. 시
간이 지나면서 이러한 행동은 점점 덜 성애적이게 되었고
그 자체가 목적이 되었지만 여전히 성적인 흥분의 원천이었
다. 그는 스트레스를 받을 때면 늘 여자처럼 옷을 입고 싶은
충동이 높아졌다. 그에게 복장도착은 안정제의 효과가 있
었다. 어떤 특정한 상황 때문에 옷 바꿔 입는 걸 못하게 되
면 그는 극도로 좌절감을 느꼈다.

A의 부모는 서로 다른 신앙을 가지고 있었고, 이는 그에
게 중요한 사실이었다. 그는 삼남매 중에서 장남이었고, 그
가 우상화하는 엄마와는 매우 가깝게 지낸 반면, '호색가이
며 알코올 중독자인' 아버지에게는 반감을 가지고 있었다.
부모님은 늘 싸웠다. 그는 10세 때 엄마가 돌아가시는 상황
을 이야기하면서 65세의 나이에도 불구하고 펑펑 울었다.
엄마의 주검을 발견한 사람이 그였다. 그는 그날 이후로 전
과 달라졌으며 항상 뭔가가 잘못 돌아가고 있다는 느낌이
들었다고 했다. 남매들은 아버지가 재혼할 때까지 일가 친

지들에게 맡겨져 각각 뿔뿔이 흩어져 자랐다. A가 20세 때 아버지가 돌아가셨는데 자살로 추정되었다. 하지만 A는 자살 동기를 설명할 수 없기 때문에 살해당했을 거라고 믿고 있다. 그의 동생 역시 10대에 물에 빠져 죽었다.

자신의 생의 초기가 혼란스럽기 때문에, A는 아내와 가정 질서의 확고부동함에 대해 늘 명심해 왔다. 그는 결혼할 때 아내에게 자신의 옷 바꿔 입는 행동에 대해 말했고, 그녀는 남편의 유별난 행동을 어느 정도 수용하였다. 그럼에도 불구하고 그는 죄의식을 느꼈다. 특히 완전히 옷을 바꿔 입기 시작한 후에는 더욱 그랬다. 주기적으로 그는 자기의 여자 옷이나 화장품을 버리면서 그러한 행동을 그만두려고 하기도 했다. 그의 자식들은 그의 충동이 고삐 풀리지 않도록 하는 방어막이었다. 그는 고기잡이를 그만둔 뒤, 그리고 아이들이 집을 떠난 뒤부터 옷 바꿔 입기에 더욱 빠져들었고, 아내와의 갈등도 많아졌으며, 자신이 더욱 우울해졌음을 알게 되었다.

A는 의상전환 장애의 특징적인 전개 과정을 보여 준다. 이성애자인 A는 오랜 기간에 걸쳐 옷을 바꿔 입는 것과 관련된 반복적이고 강렬한 성적인 충동을 느꼈으며, 성적으로 흥분시키는 그러한 환상에 따라 행동해 왔다. 그는 성불편증과는 달

리 남성으로서 그의 성정체감에 대해서는 한 번도 의심해 본
적이 없다.

전형적으로 스트레스 상황에서 그의 옷 바꿔 입는 충동은
높아지고, 옷을 바꿔 입은 후에는 안정이 되었다. 만일 행동이
방해받게 되면 강한 좌절감을 느꼈다.

A의 사례에서처럼 흔히 옷 바꿔 입기를 더 많이 하게 되면
서 그러한 행동이 덜 성적으로 느껴지고 그 자체가 목적이 되
는 경우가 많다. 만일 옷 바꿔 입기가 더 이상 성적인 흥분의
원천이 되지 못하고 남성이라는 데 대한 부적절감이 지속된다
면 '성불편증'라는 진단이 내려져야 한다.

추가적으로 국내 사건·사고 기사를 통해 사례를 정리해
보도록 하자.

서울지법 형사항소6부(부장판사 주기동)는 여성 물건을
비정상적으로 좋아하는 의상도착증 상태에서 여자 속옷을
훔친 혐의(야간주거침입 절도)로 기소된 29세 김 씨에게
"여성 물건을 비정상적으로 좋아하는 것을 심신미약 상태
라고 할 수 없다."며 원심보다 형량을 올려 징역 6월에 집행
유예 1년을 선고했다. 재판부는 판결문에서 "원심은 피고인
에게 여성물건애(愛), 여성물건애적 의상도착증 등의 성도
착증이 있다는 이유로 심신미약 상태라고 인정했으나, 이런

중세만으로 사물을 구별할 능력이 없는 상태라고 보기는 힘들다."고 밝혔다. 김 씨는 지난해 5월 서울 구로동 한 주택에 침입, 건조대에 놓여 있던 여성 속옷을 훔친 혐의로 구속 기소된 뒤 1심에서 징역 4월에 집행유예 1년을 선고받았었다. ◆

**더 알아보기**

### 의상전환 장애

남성이 여성의 옷을 입고, 화장을 하거나 가발을 쓰는 등에 대한 성적 관심을 나타낸다. 종종 의상전환 장애가 있는 몇몇 남성은 사람들 앞에 나타날 때, 그들의 복장 아래에 여성의 팬티와 같은 것을 입기도 한다. 음경혈량 측정검사에서 의상전환 장애 환자들과 옷 성애물 장애 환자들은 여성의 속옷 사진에 대해 유사한 음경 반응을 보인다.

의상전환 장애가 있는 대부분의 남성은 이성애자이나 몇몇 동성애자도 있다. 그들이 이성의 옷을 입는 경우에는 성적 흥분과 거의 관련이 없으며, 유머나 오락을 위해 사용되는 경우가 많다.

# 11. 기타 성도착 장애

비정형 성도착 장애atypical paraphilia는 앞에서 다룬 어떤 범주에도 속하지 않은 경우다. 여기에는 분변애호증, 관장애호증, 소변애호증, 동물애호증, 저산소도착증, 시체애호증, 전화외설증 등이 있다.

• 분변애호증, 관장애호증, 소변애호증

이 3가지를 합하여 '배설도착증'이라고도 한다. 분변애호증coprophilia은 대변을 보는 행위나 대변행위 관찰에서, 관장애호증klismaphilia은 관장을 통해서, 소변애호증urophilia은 소변에 성적인 흥분을 느낀다.

관장애호증 환자들은 자위하는 동안 관장에 대한 성적 공상들을 하거나, 자위행위의 자극을 위해서 스스로 관장을 하거나, 그들의 성적 파트너들이 그들에게 행하도록 한다. 몇몇 환자는 간호진에 의한 임상적 관장 실시에서 성적 흥분을 경험하였고, 그 과정을 정당화하기 위해 신체적 증상들을 가장하였다고 보고하였다. 22명의 관장애호증 환자들의 관장 빈도는 평균 주 2회였고, 응답자들의 절반가량은 그 행동을 성적 파트너들과 함께했다. 소수의 남성 관장애호증 환자는 관장하는 동안 그들 자신을 여성처럼 공상했고 관장하는 동안 성적 즐거움을 경험했다고 보고했다.

소변 애호증인 사람들은 소변을 봐서 소변 얼룩이나 냄새를 옷 안에 남기는 것과, 때로는 그들의 성적 파트너의 소변을 마시는 것에서 성적인 관심을 나타낸다. 소변애호증이나 분변애호증인 사람들에 대한 명확한 표본 조사 연구는 없으나, 이런 행동들을 하는 것에 관심 있는 사람들에 대한 실태는 은밀하게 발견되기도 한다. 몇 천 명의 게이에 대한 조사에서, 1%는 그들이 소변애호증적 행동들을 '항상' 혹은 '빈번하게' 한다고 응답했고, 0.5%는 분변애호증적 행동들을 빈번하게 한다고 보고했다.

이 3가지 증상은 일반적으로 더러운 것, 오염 상태에 대해 성욕을 느낀다는 점이 공통적이며, 이들은 배설기능에 집착한다.

• 동물애호증

동물애호증zoophilia은 수간獸姦과 차이가 있다. 수간은 단순히 동물과 성교를 하는 것인데 비해, 동물애호증은 인간보다도 동물을 성교의 상대로 더 선호하는 경우에 해당된다. 남성의 경우에는 대개 동물의 질에 자신의 성기를 삽입하나, 여성의 경우에는 애완동물이 자신의 성기를 자극하도록 유도한다. 어떤 동물애호증 여성의 경우 자신의 수캐를 훈련시켜 정기적으로 성교했다는 보고도 있다.

인터넷 기반 조사에서 동물애호증을 인정한 114명의 표본에서 성행위 비율을 살펴본 결과, 동물의 생식기를 입으로 자극하는 것(81%), 동물의 질에 성기를 삽입하는 것(75%), 동물에 대한 자위(68%), 동물의 성기를 항문에 삽입하는 것(52%) 등이 포함되었고, 인간의 생식기를 동물이 핥도록 유발하는 것과 동물의 항문 삽입 또한 보고되었다. 몇몇 동물 기호증 환자는 특정한 종, 특정한 종의 품종 또는 특정 종의 과에 속하는 암컷과 수컷에게 끌린다고 보고하였다.

동물과 반복적으로 성교하는 것을 인정하는 몇몇 사람은 그 행동을 사람들과 성적 접촉에 대해 공상하는 자위의 한 형태처럼 기술하였다. 또 다른 사람들은 성적 행동이 동물과의 정서적이고 낭만적인 유대 중 일부이며, 동물도 그것을 공유한다고 믿는다는 것을 보고한다. 심지어 몇몇 동물애호증 환

자는 만약 다른 사람들이나 다른 동물들이 '그들의' 동물(들)
에게 관심을 표현한다면 질투를 느낄 것이라고 보고하였다.

몇몇 개인은 '그들이 동물의 특성들을 가졌다고 믿는 것,
혹은 그들이 동물이었던 것처럼 그들이 느끼는 것'과 같이 인
간 이외의 동물들에 대해 극도의 친밀감을 고백하였다.

• 저산소도착증

저산소도착증hypoxyphilia은 유기용매본드, 아산화질소nitrous
oxide, 의도적 질식asphyxiation 등으로 산소결핍을 유도해 변화된
의식상태에서 성적 쾌감을 추구하는 성도착 장애다. 저산소
도착증인 사람들은 자신의 목을 매달거나, 비닐봉지를 사용
하여 질식을 유도하거나, 타인으로 하여금 목을 조르게 하는
등의 방법으로 성적인 쾌감을 얻는 경우가 많다. 미국의 통계
에 의하면 매년 500~1,000명이 이러한 행위 도중 사망하며,
그들 중 96%가 남성이다. 사춘기 소년부터 70세 노인까지 연
령층은 다양하나 20대가 가장 많다.

저산소도착증인 사망자들의 몇몇 사례는 변호사 혹은 보험
회사에 의해서 임상가들의 주의를 끌었는데, 사인이 사고사
라면 보험료를 지불해야 하지만, 자살이라면 보험료를 지불
하지 않아도 되는 경우가 있기 때문이다. 몇몇 사망 사례에서
저산소도착증인 개인의 몸은 나체이거나 성기가 노출되었으

며, 근처에는 포르노 잡지, 인공 남근 혹은 성적 기구들이 있었고, 또는 그가 사정했다는 증거들이 함께 발견되었다. 이런 조건의 시체들에서는 다른 성도착 장애가 공병한다는 것을 발견하기도 하는데, 시체는 때때로 이성의 복장을 입거나 화장을 했으며, 음란물의 내용이 가학적·피학적 성향을 띠기도 한다.

• 시체애호증

시체애호증necrophilia은 이미 사망하였거나 죽어가고 있는 사람을 바라보거나, 성교를 하거나, 마스터베이션을 함으로써 성적 쾌감을 얻는 경우다. 강간 살인 중 몇 퍼센트에서 이러한 성도착 행위가 벌어졌는지는 정확히 알 수는 없다. 이 환자들은 묘지의 시체를 파내거나 시신을 다루는 직종예를 들면, 장의사의 일을 하는 경우도 있다.

시체애호증에 대한 가장 극단적인 형태는 실제 시체들을 구하거나 혹은 성행위를 위해 피해자를 의식이 없는 상태로 만드는 것이다. 이에 관련된 연구에서 시체애호증과 관련된 122개의 사례를 도표화하였다.

사례들을 보면 시체와 질을 통한 성교(51%), 시체의 절단(29%), 시체에 대한 항문 삽입(11%), 시체에 키스하는 것(15%), 시체에 구강성교를 하는 것(8%), 그리고 시체의 가슴을 빨거나 애무하는 것(8%)들이 보였다. 전체 표본 중 34개의 사례에서는 동기에 대한 보고를 얻을 수 있었는데, 그중 가장 높은 비율을 차지한 동기는 저항하지 않고 거절하지 않는 파트너를 소유하고 싶은 욕망(68%)이, 그 다음으로는 (짐작건대 사망한) 낭만적인 파트너와의 재회(21%), 시체에 대한 성적 매력(15%), 고독에 대한 편안함 혹은 정복하는 느낌(15%), 살인 피해자를 통해 힘을 표현하는 것으로써 자존감 추구(12%) 등이었다.

• 신체절단애호증

절단된 신체에 대해 성적인 매력을 느끼고 집착을 하는 경우다. 이들은 성적 흥분을 얻기 위해 외과 의사를 속이고 설득하여 자신의 신체 일부를 절단하기도 한다. 이런 환자들은 신체의 일부가 절단된 이성을 성적 파트너로 찾기도 한다.

몇몇 신체절단애호증 환자는 (해부학적으로 온전한) 그들의 성적 파트너에게 성행위 중 신체가 절단된 사람을 흉내 내게 하고, 인터넷이나 포르노 잡지에 신체가 절단된 사람들의 성적이고 매혹적인 포즈들을 요청하기도 한다. 일부 연구에 따르면, 다리 절단이 팔 절단보다, 단일 사지 절단이 2군데의 절단보다, 그리고 오른쪽 사지 절단이 왼쪽 사지 절단보다 선호된다고 한다. 또한 사지의 선천적인 기형은 가장 낮은 평가를 받았다.

많은 환자는 그들이 어릴 적 사지가 절단된 사람이나 사진을 보았을 때 처음으로 그들의 흥미를 인식하였고 절단된 사람들에게 성적으로 끌렸다고 보고했다.

절단애호증인 몇몇은 공적으로나 사적으로, 휠체어 혹은 목발을 사용하거나 건강한 사지를 붕대로 감거나 감추는 것으로 팔 절단 수술을 받은 사람들을 흉내 냈다.

건강한 사지가 제거되기를 원하는 52명의 표본에서 대다수는 무릎보다 위로 제거된 한쪽 다리를 갖길 바랐다. 몇몇은 사지를 스스로 절단하는 것을 시도하거나 이루었고, 다른 몇몇은 응급 의료팀이 어쩔 수 없이 절단할 것이라는 목적을 가지고 사지를 손상시키기도 했다.


• 신체부분도착증

신체부분도착증partialism은 신체 일부에만 전적으로 의존하는 성행위인데 구강성애oralism, 즉 커닐링거스cunnilingus, 입과 여성성기 접촉와 펠라치오fellatio, 입과 남성성기 접촉 등이 여기에 속한다. 사람 그 자체보다 신체의 일부분, 예를 들면 발과 같은 인간의 몸의 일부에서 성적인 쾌감을 구하고 집착하는 경우다.

• 전화외설증

전화외설증telephone scatologia 환자들의 심리는 노출 장애나 관음 장애 환자들의 심리와 유사한 측면이 있다. 이들은 대개 남자이고 대인관계에서 문제가 있는 경우가 많다. 전화는 자신의 신분을 감춘 상태에서 일방적인 대화가 가능하기 때문에 비교적 자신의 신변이 안전하다 할 수 있다. 익명의 상태에서 얼굴을 맞대지 않고도 자위를 통해 성적 흥분에 도달하기 때문이다. 전화외설증 행동은 크게 3가지 유형으로 분류될 수 있다. 첫 번째 유형은 자신의 외모나 성기를 묘사하면서 자신이 하고 있는 자위행위에 대해 세밀한 것까지 상대에게 설명하는 행동으로 가장 흔한 유형이라 할 수 있다. 두 번째 유형은 피해자를 협박하고 겁을 주면서 음란전화를 이어 가는 유형이다. 예를 들면, "지금 나는 너를 잘 알고 있으며 지켜보고 있다." "곧 너를 찾아낼 것이다." 등의 말을 하는 것이다. 세 번째 유형은 상대방의 신변에 대해 세세한 것까지 물어가면서 성적 흥분에 도달하는 경우다. 이 유형은 대개 여성의 속옷, 월경, 피임 방법 등에 대해 전화 설문을 한다고 속이며 전화를 하는 방법을 사용한다. 때로 환자는 같은 여성에게 반복해서 전화를 하기도 하는데, 대개의 경우 상대 여성이 전화를 계속 받으면서 응해 주지 않는 한 또 다른 상대에게로 옮겨 간다. 전화외설증 환자는 장난전화를 하는 아이들과는 구별해서 생각해야 한다.

　다음은 2가지 성도착 장애의 사례를 소개한 것이다. 한 사례는 자신을 결박한 채 발견된 저산소도착증 환자의 사례이며, 또 다른 사례는 성적 강제와 관련된 반복적인 충동과 환상 때문에 결국 구속까지 당한 '달리 분류되지 않는 성도착 장애'에 해당하는 사례다.


　　어떤 여자가 한 남자의 도와 달라는 소리를 듣고 그 남자의 아파트 문으로 다가갔다. 여자는 문을 통해 큰 소리로 안에 있는 남자에게 도움이 필요한지를 물었다. 그러자 남자는 "예, 문을 부숴 주세요."라고 했다. "농담이죠?"라고 물었더니 남자는 "아니에요."라고 대답했다. 여자는 두 아들을 데리고 와서 아파트 문을 부수고 안으로 들어갔다. 그들은 손과 발목이 뒤로 묶인 채 마룻바닥에 누워 있는 남자를 발견했다. 정강이 뒤에는 마루 걸레 손잡이가 놓여 있었다. 그는 정신이 나가 보였고, 땀에 젖었으며, 숨을 가쁘게 쉬었고, 손은 파랗게 질려 있었다. 그는 바지에 똥과 오줌을 쌌다. 그녀는 부엌에 있는 칼을 찾아 남자를 풀어 주었다.

　　남자는 신고를 받고 온 경찰에게, 그날 오후에 집에 돌아와서 소파에서 잠이 들었는데 1시간 정도 지나서 깨어 보니 꼼짝할 수 없게 묶여 있더라는 이야기를 했다. 경찰은 이웃 사람들이 들어갈 때 아파트 문이 잠겨 있었다는 사실에 주목했다. 그 남자는 이야기를 이어갔다. 자기가 알고 있는 한 원한을 살 만한 사람이 없으며, 이런 식의 장난을 할 만한 친구도 없다는 것이었다. 경찰은 그를 묶고 있던 로프에 대해 물었다. 남자는 조만간 이사를 갈 생각이었기 때문에 침대에 로프를 두는 가방을 보관하였다고 설명했다. 소파 근처에는 찢겨진 가방, 여러 개의 짧고 가느다란 로프, 칼이 있었다.

경찰은 조사과정에서 아마도 성적으로 일탈된 행동일 가능성이 있음을 알아차렸다. 다음날 조사에서 남자는 자기가 스스로 결박을 한 자작극이라고 자백했다.

한 달 후, 아파트 관리원은 아파트 마룻바닥에 얼굴이 처박혀 있는 그 남자를 발견하였다. 그의 머리를 덮고 있는 종이가방은 마치 두건 같았다. 경찰이 도착했을 때, 남자는 천으로 입을 틀어막은 채 가쁘게 숨을 쉬고 있었다. 그의 머리와 입 둘레에는 로프가 칭칭 감겨 있었고, 가슴과 허리를 싸듯이 동여 매여 있었다. 또 로프는 등에서 가랑이로 길게 여러 번 묶여 있었고, 발목에는 깊은 로프 자국이 남아 있었다. 등 뒤로는 빗자루 손잡이를 넣어 팔꿈치를 조였다. 풀려나자 그는 "아이소메트릭 운동벽이나 책상 등 고정된 것을 세게 당기거나 밀면서 하는 운동을 하다가 로프에 엉켰어요."라고 설명했다.

경찰은 남자의 고용주를 면담했고, 고용주는 그에게 상담을 받아 볼 것을 권유하였다. 남자는 개인 정신과 병원에 가기로 동의하였고, 고용주는 다시는 그런 일이 없을 것이라는 남자의 말을 믿어 주었다.

2년이 흘렀고 남자는 다른 직업으로 옮겼다. 어느 월요일 아침, 그는 직장에 나오지 않았다. 그리고 동료 직원이 아파트에 숨겨 있는 그를 발견했다. 조사를 하면서 경찰은 남자의 최후의 순간을 재구성할 수 있었는데, 지난 금요일 그는 침대에 앉아서 발목을 엇갈리게 한 채 끈으로 묶고, 목을 줄로 조였으며, 다리와 손을 뒤로 하여 묶었다.

이 남자는 자위를 하는 동안 스스로 산소를 결핍시킴으로써 죽음의 위험에 처할 때 성적인 흥분을 얻었다. 그러한 기이한 성적 행동은 도착증이라고 볼 수 있다. 통상적으로 흥분을 유발시키는 행동 패턴에 해당되지 않는 자극으로 인해 흥분하게 되며, 상호 애정교환적인 성행동을 하는 데 지장을 초래할 수 있다는 점에서 도착증이라고 볼 수 있는 것이다.

이러한 특수한 도착증인 저산소도착증은 DSM-5의 도착증 세목에 포함할 만큼 흔한 것은 아니며, 따라서 DSM-5에서는 '달리 분류되지 않는 성도착 장애'라는 진단명을 부여하였다.

이러한 장애를 가진 사람들은 대개 우울증 때문에 치료를 받으러 오며, 상담자가 과거의 성적인 체험에 대해 세심하게 주의를 기울이지 않으면 자신들의 성적인 문제를 드러내지 않을 가능성이 높다. 가장 흔히 동반되는 성도착 장애로는 성적피학 장애, 의상전환 장애가 있다.

35세의 사회과학연구자인 J는 수차례의 강간 혐의로 세 번째 유죄판결을 받은 후 여러 가지 구형을 받았다.

J는 어수선한 집안에서 자랐다. 그의 아버지는 그의 어머니 그리고 전반적으로 여자들에게 신체적인 학대를 가했다. 부모는 성적으로 난잡했으며, 때로는 그가 있는 데서도 난잡한 모습을 보였다. 그는 어린 시절에 아버지에게 비역질을 당하기도 했다. 자라면서 그는 자주 외롭고 사랑받지 못한다는 느낌을 받았고, 이상적인 여성과의 '완벽한 관계'를 맺는 환상을 하기 시작했다. 하지만 시간이 지나면서 그러한 환상과 충동은 에로틱하고 강박적인 양상을 띠기 시작하였다. 처음에 그는 원하지 않는 여성에게 강제로 성행위를 하자 여자가 그 행위를 즐기는 상상을 하곤 했다. 그런 뒤 그는 지속적이고 돌보아 주는 관계에 대한 환상을 하였다. 그는 이러한 환상을 하는 동안 자위행위를 하곤 했다.

J는 자기의 이런 환상 속의 시나리오가 실제로 일어날 수

없음을 알고 있음에도 이러한 환상에 따라 행동하고 싶다는 흥분된 성적 충동에 사로잡히기 시작했다. 16세 때 그는 처음으로 강간을 했다. 강간을 하고 나서는 매번 '절대로 다시는' 하지 않겠다고 스스로 다짐했지만, 시간이 지나면 그의 충동은 다시금 불붙게 되고 다시 이러한 악순환이 반복되었다.

비록 그는 자기 말을 잘 따르게 하기 위해 칼로 여자들을 위협하기도 했지만, 절대로 여자들을 신체적으로 해치지 않았고 필요한 최소한의 힘만을 사용했다. 조금이라도 명확히 고통스러워하는 흔적이 있으면 이는 성욕을 높이기보다는 감소시켰다. 강간을 하는 동안에 그는 예외 없이 무기를 멀리 던졌고, 해치거나 상해를 입힐 의사가 없음을 여자들에게 확인시켰다.

잡지나 영화에서 여자가 결박당하거나 복속되어 있는 장면을 보면 성적인 흥분을 느꼈고, 여자도 성적인 흥분을 즐기고 있다고 상상하였다. 그러나 만일 여자들이 진짜로 고통스러워하는 것 같아 보이면 성적으로 흥분되지 않았다.

감옥에서 조사를 해 보니, J는 결박당하거나 속박당해 있는 상황을 묘사하는 자극에 대해서는 발기하는 반응을 보였지만, 여자들이 고통스러워하는 것 같으면 흥분이 감퇴되었다. 혈액에 대한 실험실 검사에서는 높은 수준의 혈청 테스토스테론을 보였다.

J는 강간 이외에 다른 범죄행위를 저지른 적은 없었다. 또한 그는 한 번도 정신과 치료를 받은 일이 없었다. 그는 안정된 직장을 가지고 있었고 한 번도 알코올 남용이나 약물중독에 빠진 일이 없었다.

J는 반복적인 강간을 저질렀다. 강간은 강간을 당한 사람에 대한 강제적인 행위나 외상적인 경험이라고 정의된다. 강간은 반사회적이고 범죄적이라는 것을 인식하는 것과 강간범들의 동기나 정신적인 상태에 대해 연구하는 것은 별도의 문제다. 대부분의 강간은 도착적이지 않은 평범한 성적 취향을 가진 남자들에 의해 저질러지며, 이들 중 많은 수는 반사회성 성격장애 기준에 부합할 것이다. 훨씬 더 드문 경우이지만 강간은 지적장애자나 정신병 환자, 약물흡입자, 다중성격장애를 보이는 사람들이 저지른다. 하지만 계속해서 강간을 하는 경우에는 비정상적인 성적 충동, 즉 성도착 장애를 가지고 있는 경우가 있다. 성도착 장애는 성적인 파트너나 아이 또는 다른 동의하지 않는 사람에게 고통을 주는 것과 관련되거나, 혹은 인간 이외의 대상과 관련된 강렬한 성적 충동이나 성적 흥분을 일으키는 환상을 보는 경우에 해당된다.

J는 비록 자주 강간을 저질렀지만 다른 반사회적인 행동을

한다는 증거는 보이지 않았다. 그는 안정된 직장을 가지고 있었고, 달리 반사회적 성격장애 진단을 내릴 수 있는 행동도 보이지 않았다. 그리고 그의 강간 행동은 지적장애나 약물, 정신병, 다중성격장애로 설명될 수 없었다.

J는 여자들을 성적으로 강제하는 것과 관련된 반복적인 성적 충동과 환상을 경험했다. 그러한 환상과 충동은 여러 해 동안 지속되었고 반복해서 그에 따라 행동했다. 성적가학 장애와는 달리 J는 고통과 모욕 등을 주면서 성적으로 흥분하지는 않았다. 사실 그의 성적 흥분은 희생자가 고통의 표시를 보이면 억제되었다. 그의 강간행동은 독특한 성도착 장애로 가장 잘 이해될 수 있는데, 이는 성적인 흥분이 동의하지 않는 파트너와의 관계에 달려 있기 때문이다.

DSM-III-R이 개발되는 동안 도착적 강요 장애라는 용어를 이러한 종류의 특정한 성도착 장애에 사용하자는 제안이 있었지만, 이러한 진단분류는 공식적으로 인정받지 못했다. 따라서 J의 장애는 '달리 분류되지 않는 성도착 장애'라고 진단할 수 있다. ◈

# 성도착 장애의
# 원인과 치료

2

1. 전통적인 관점에서 본 원인

2. 유형별 성도착 장애의 원인

3. 성도착 장애 치료의 개관

4. 성도착 장애의 심리치료

5. 성도착 장애의 입원치료

6. 노출 장애의 치료 이론

# 1. 전통적인 관점에서 본 원인

성도착 장애의 원인이 무엇인지에 대해서는 뚜렷이 밝혀진 것이 거의 없다. 생물학적인 요인이 성도착 장애의 원인이라는 몇몇 연구가 있으나 결정적인 원인으로 보기는 어렵다. 왜냐하면 특정한 성도착 행동을 선택하는 이유를 명확히 밝히기 어렵고, 무엇보다도 성행위에 내재되어 있는 의미를 결정하는 데는 심리적인 문제가 중요한 역할을 하기 때문이다. 성도착 심리의 어두운 구석들을 이해하는 데 정신분석적 설명이 도움이 되지만 정신분석적 설명 이외의 다른 관점에서도 성도착의 원인과 의미를 이해할 수 있기 때문에, 결정적인 설명으로 받아들이기에는 어려움이 있다.

성도착에 대한 전통적인 관점은 정신분석의 추동 이론에 깊은 뿌리를 두고 있다. 프로이트는 성도착 장애가 본능과 대상이 서로 어떻게 나뉘고 있는지를 설명해 준다고 믿었다. 그는 "성적 본능은 가장 먼저 대상으로부터 독립되는 것 같다."고 하였다. 더욱이 프로이트는 신경증과의 비교를 통하여 성도착을 정의하였다. 프로이트는 억압된 성도착적 공상들의 변형이 신경증의 증상이라고 하였다. 이와 달리 성도착 장애에서는 공상이 의식화되고, 곧바로 자아동조적 쾌락행동으로 표현된다고 보았다. 즉, 상징적인 변형과정 없이 자신이 선택한 행동으로서 성도착적 공상이 표출된다는 것이다. 이런 맥락에서 프로이트는 신경증은 성도착 장애와 상반된 양상을 보이며, 신경증적 증상은 성적인 측면이 박탈된 성도착적 공상이라고 하였다.

전통적인 관점에서 볼 때 성도착은 유아적 형태의 성으로 퇴행하고 고착된 것이 성인기까지 지속된 것으로 이해될 수 있다. 유아기 경험의 잔재들이 의식 안에 보존되며 전치의 과정을 통과하여 나타나는 것이 성도착적 행위라는 것이다. 하나의 성도착적 행위는 고착되고 제의화祭儀化된 하나의 과정이 되는데, 이러한 행위를 통해서만 성적인 절정감을 느낄 수 있는 유일한 방법이 된다. 페니켈Fenichel의 전통적 가설에 의하면, 생식기의 접촉을 통한 성적 절정을 방해하는 결정적 요인은 거세불안이다. 따라서 성도착은 거세의 두려움 없이 성적 욕구를 충족시키는 기능을 한다. 그러나 이러한 가설은 남성의 성도착에 대한 설명만 가능할 뿐이다.

프로이트는 성도착이 여러 층으로 구성된 복합체라고 보았다. 예를 들면, 관음 장애와 노출 장애는 동전의 앞뒷면과 같으며, 많은 무의식적 결정인자가 이들 증상의 출현과 관련되어 있다고 보았다. 임상적 관찰을 통해 프로이트는 모든 능동적인 도착증에는 항상 수동적인 면이 있다는 사실을 확인할 수 있었다. 즉, 노출 장애의 능동적인 측면 반대편에는 관음 장애의 수동적 측면이 자리하고 있다는 것이다. 마찬가지로 가학 장애 환자는 피학증적인 특성을 동시에 지니고 있으며, 관음 장애 환자는 무의식적으로 노출증적 욕망으로 고통받고 있을 수 있다.

최근 정신분석 연구자들은 추동 이론만으로는 임상 실제에서 드러나는 성도착 장애적 공상이나 행동의 많은 부분을 충분히 설명할 수 없으며, 전체를 이해하기 위해서는 성도착에 연관된 여러 측면이 중요하다고 보았다. 스톨러Stoller에 따르면, 성도착의 핵심은 아동기 외상을 성인기의 승리로 전환시키는 것이다. 예컨대, 아동기에 부모로부터 모욕을 당한 것에 대해 복수하겠다는 환상을 가지게 되어, 복수의 방편으로 성도착적 공상이나 행동을 하는 동안 상대방을 인간 이하로 전락시키거나 모욕감을 준다는 것이다.

한편, 도착적 성행위는 대상관계로부터의 도피일 수도 있다. 성도착 장애를 앓고 있는 많은 환자는 어머니의 정신내적 표상으로부터 불완전하게 분리개별화되었다. 그 결과, 그들은 자신이 독립된 인간이라는 주체성이 내적 혹은 외적 대상들과 융합되거나 그 대상들에 의하여 삼켜져 버릴 것이라는 위협을 계속 받고 있다고 느낀다. 이때 성적인 표현은 자신의 독립을 주장할 수 있는 수단이 될 수 있다. 이러한 설명은 앞서 성도착을 모욕 주기를 원하는 바람의 표현으로 보는 입장과 달리, 내적 모성상의 지배적인 영향을 벗어나려는 것으로 이해하는 것이다. 이러한 설명의 근거로 성도착 장애 환자가 성적 욕망을 행동화한 후 경험하는 안도감을 꼽을 수 있는데, 이러한 안도감은 내부에서 자신을 제어하고 있는 어머니에 대한 승리의 느낌과 다르지 않다.

같은 대상관계적 이론 틀 내에서도 성도착 장애의 의미를 달리 해석하는 또 다른 입장이 있다. 맥두걸McDougall은 '새로운 성'이라는 또 다른 대상관계적 의미들에 주목하였다. 그녀는 성행위가 부모에 대한 동일시와 역동일시의 복잡한 기반으로부터 생겨난다고 보았다. 모든 유아는 부모의 무의식적인 성애적 욕망과 갈등에서 생겨난 무의식적인 심리적 드라마에 소속되어 있다. 그러므로 금지적 성격의 모든 새로운 성은 아동에게 내재화된 부모의 의도에 의하여 미리 짜여 있는 것이다. 따라서 일탈된 성행동은 부모에 의해서 짜인 무의식적 드라마를 행동화함으로써 환자 자신의 공격성으로부터 내재화된 대상들을 보호하는 역할을 담당한다. 즉, 외재화를 통해 내재화된 대상을 보호하기 위해 일탈된 성행동을 표출한다는 것이다.

자기심리학self psychology에서는 성도착 행위를 자기응집력을 회복하기 위한 필사적인 시도라고 설명한다. 타인으로부터 공감적인 자기대상 반응이 없는 상태에서 자기통합과 자기응집력을 회복하려는 환자의 무의식적 노력이 성도착 행동을 낳는다는 것이다. 심리적으로 취약한 사람이 포기나 분리의 위협을 받을 때 성행위나 성적 공상은 환자가 살아 있고 건강하다고 느낄 수 있게 해 준다.

이러한 설명을 지지하는 한 가지 예로, 심리치료나 정신분석 도중에 나타나는 성도착 행위를 들 수 있다. 심리치료 기간 중에 나타나는 성도착 행위는 대부분 치료자로부터 공감을 얻지 못한 데 따르는 하나의 반응으로 이해할 수 있다. 즉, 치료자와 환자 사이에서 생겼던 자기와 자기대상의 기반이 일시적으로 붕괴되었을 때 환자들은 자기통합감을 유지하기 위해 일시적인 성도착 행위에 빠지기도 한다.

이런 점에서 코헛Kohut은 성도착의 행동 양상은 이차적인 현상에 불과하다고 하였다.

즉, 자기대상과의 공감적 융합을 강력히 요구하는 일차적 심리기제가 붕괴된 후에 부조화에서 비롯된 산물의 하나로 추동이 생겨나며, 이 추동은 성도착적인 공상이나 행동이라는 병적인 수단을 사용하여 상실된 융합을 되찾으려고 시도하고, 이렇게 해서 자기를 치유하려 한다는 것이다.

실제로 많은 성도착 장애적 행동의 핵심에는 주체성이나 자기감 상실에 대한 심각한 두려움이 자리 잡고 있음을 볼 수 있다. 성도착 장애 환자에게 있어서 특정한 성적 습관이나 대상들은 내적 둔화감과 자기부조화감에 대한 공포를 치유하려고 사용되는 하나의 약물처럼 여겨지는 경우가 많다.

전통적인 임상적 지식에 따르면 성도착은 여성에게는 거의 없다. 하지만 이러한 견해는 도착된 환상은 실제로 여성에게 흔하다는 최근의 경험적 연구와 임상적 관찰의 결과로부터 도전받고 있다. 여성 도착증을 연구한 캐플런Kaplan에 따르면, 남성 도착증의 경우 명백한 성적 측면이 나타나는 반면, 여성은 아주 미묘한 역동을 나타내기 때문에 잘 드러나지 않을 뿐이라고 한다. 여성 도착증의 경우 이별, 포기, 상실 등의 무의식적 주제와 관련이 많다. 예를 들어, 어렸을 때 성적 학대를 받았던 여성은 여성으로서 과장된 섹시함을 보이려 하는데, 이러한 행동을 통해 남자들에게 복수를 하고 스스로 자신의 여성다움을 확인받고자 하는 것이다.

사람에 따라 특정한 성도착 장애적 공상이나 행동을 보이는 이유는 무엇일까? 여러 가지 상이한 유형의 도착 행동이 나타나는 이유는 무엇일까? 성도착 장애의 원인이 거세불안이

든, 모욕에 대한 복수든, 어머니로부터의 분리 독립의 확인이든, 그리고 자기응집력을 회복하기 위한 시도이든 간에, 왜 어떤 사람은 성애물 장애가 되고, 어떤 사람은 가학 장애가 되는가를 변별적으로 이해하기는 어렵다. 사람에 따라 특이한 성도착 장애를 보이는 이유는 아직 모호하다. 또한 여러 다른 유형의 성도착 장애가 한 환자에게서 동시에 존재할 수도 있다.

성도착 장애 환자들은 다양한 정신과적 진단과 다양한 수준의 성격 형성이 있을 수 있다. 예를 들어, 정신병 환자, 성격장애 환자뿐만 아니라 비교적 건강하거나 신경증적인 사람들에게서도 성도착 장애가 발견된다. 경계선 성격 형성을 보이는 환자들에게서도 다양한 모습의 도착증적 성행위가 흔히 발견되기도 한다. 다른 사람에게 잔혹성을 보이는 성도착 장애 행위는 종종 반사회성 성격장애 환자들에게서 발견된다. 따라서 도착증적 성행위를 보이는 개개의 환자를 정신역동적으로 이해하기 위해서는 성도착이 환자의 성격구조와 어떻게 상호작용하는가를 전반적으로 이해하지 않으면 안 된다. 예를 들면, 신경증적 환자들은 성기의 능력을 촉진시키기 위하여 성도착 행동을 사용할 수 있고, 정신병적 경계에 있는 환자들은 자기소멸의 느낌에 대항하기 위하여 이런 행동을 보일 수 있다. ❖

# 2. 유형별 성도착 장애의 원인

## 1) 노출 장애와 관음 장애

노출 장애 환자는 자신의 성기를 낯모르는 여성이나 소녀에게 노출시킴으로써 자신이 거세되지 않았다는 사실을 스스로 확인하려고 한다. 환자는 자신의 충격적 행동에 대한 여성들의 반응을 보면서 거세불안을 극복하고 이성을 정복하였다는 느낌을 얻는다. 노출증적인 행동은 전형적으로 환자가 여성에 의하여 모욕당하였다고 느낀 경험이 있은 후 생겨나며, 이때 환자는 모르는 여성에게 충격을 줌으로써 이 모욕감에 복수를 하는 것이라는 설명이 있다.

성기 노출은 한편으로 환자에게 가치감과 긍정적인 남성적 정체감을 회복하도록 해 주는 기능이 있다. 이러한 환자들은 대개 자신이 남성적이라는 것에 대하여 심각한 불안을 보이는 경우가 많다. 즉, 거세불안만으로는 노출증적 행위의 동기를 완전하게 설명할 수 없으며, 노출 장애 환자에게 있어 핵심적인 것은 성적 정체감에 대한 위협이라는 것이다.

노출 장애의 이면이라고 할 수 있는 관음 장애 역시 낯모르는 여성의 사생활을 파괴하고, 여성에 대하여 공격적이지만 비밀스러운 승리를 쟁취하려는 시도라고 이해할 수 있다. 페니켈은 관음증적 경향이 유년기의 최초의 것으로 기억되는 중요한 장면에 대한 고착과 연관이 있다고 보았다. 부모의 성교 장면을 목격하거나 엿듣게 된 초기의 외상적 경험이 아동의 거세불안을 촉발하고 성인이 되어서는 이렇게 수동적으로 경험된 외상을 능동적으로 극복하려는 시도로 되풀이하여 그 장면을 재연한다는 것이다.

한편, 들여다보는 행동에는 공격적인 요소가 함축되어 있다. 공격성이 직접 여성에게로 향하는 경우에 발생하는 죄의식을 피하기 위하여 관음증적 행동이 발생한다고 보기도 한다. 겉으로는 관음증적 행동의 경향을 보이지 않는 환자라 하더라도 들여다보는 것에 대한 호기심과 불안의 변형된 양상을 보이는 경우는 흔하다. 어떤 환자들은 자신의 호기심이 파괴적인 것이라고 해석되거나, 금지된 무엇인가를 보게 될 것이라는 두려움 때문에 치료자의 상담실을 둘러보는 것조차 꺼리기도 한다. 노출 장애와 관음 장애는 모든 다른 성도착 장애에

서도 전형적으로 존재하는 기본 요소로서, 결국 표면적이거
나 깊이 있거나, 볼 수 있거나 비밀스럽거나, 또는 사용하는가
억제하는가의 차이가 있을 뿐이라고 보는 견해도 있다.

## 2) 성적가학 장애와 성적피학 장애

성적 만족을 얻기 위하여 가학적 공상이나 행동을 필요로 하
는 사람들은 신체적 혹은 성적 학대의 희생물이었던 아동기의
장면을 역전시키고자 무의식적인 시도를 하는 것이다. 어린 시
절 자신에게 일어났던 것을 타인에게 가함으로써 복수를 하는
동시에 유아기적 외상을 극복하였다는 느낌을 갖게 된다.

반면에, 성적 쾌락을 얻기 위하여 모욕이나 고통을 받으려
고 하는 피학 장애 환자들은 유아기의 학대 경험을 반복하고
있는 것이다. 피학 장애 환자들은 거세를 당하는 대신에 희생
물이 됨으로써 무의식적으로 덜 가혹한 불행을 받아들이려는
것으로 이해되며, 자신의 가학증적 소망에 대한 갈등 때문에
스스로 처벌 받는 것으로 이해될 수도 있다. 어떤 의미에서 이
들은 학대에 순종함으로써 분리불안에 대하여 방어하는 것이
라고 이해할 수도 있다. 이들은 가학적-피학적 관계가 대상관
계의 유일한 형태이므로 학대받는 관계나마 갖는 것이 아무런
관계도 갖지 않는 것보다 낫다고 확신하는 경우가 많다.

가학 장애와 피학 장애는 양쪽 성별 모두에서 동일하게 나타나는 유일한 성도착 장애라는 점에서 매우 독특하다. 피학 장애는 대개 여성에게서 나타나지만 거의 모든 사람에게서 가벼운 형태의 가학적이거나 피학적 공상이 발견될 수 있다. 남성 동성애자와 여성 매춘부에 대한 보고는 피학적 성행위가 남성에서 더 자주 나타날 수 있음을 시사하고 있다.

용어의 기원이 된 19세기 오스트리아의 시인 자허 마조흐 Sacher-Masoch는 사실 남성 피학 장애 환자였다. 모든 성적 흥분은 사실 공격적 소망과 관련될 수 있다. 성욕 억제 때문에 심리치료나 정신분석을 찾는 사람들에게 때로 타인과의 성적관계를 방해하는 가학적 공상이 있음을 종종 볼 수 있다.

대상관계의 측면에서 보면 억제적이고 냉담한 대상이 그에 상응하는 자기표상에 대한 저항을 극복하기 위하여 엄청난 노력을 필요로 하는, 하나의 특수한 내적 대상관계로부터 가학 장애가 발생한다고 본다. 또 피학 장애 환자는 단지 모욕을 당할 때에만 그 대상이 자기와 반응한다는 식의 내적 대상관계를 갖는다.

자기심리학의 입장에서 보면 피학적 행위는 겉으로 보기에는 자기파괴적이지만 생동감과 자기응집력을 회복하려는 필사의 노력이다. 한 예로, 자기를 때려 달라고 거듭 치료자에게 요구하는 심하게 혼란된 19세 환자의 치료 경험을 들 수 있다.

왜 그렇게 원하느냐는 치료자의 계속된 질문에 여자 환자는
"신체적 고통이 영혼의 죽음보다 낫다."고 대답하였다. 이 환
자는 타인에 대한 신체적 고통이나 학대가 없으면 자신은 존
재하지 않으며 다른 누구와도 관계를 가질 수 없다고 느낀 것
이다. 피학 장애 환자들은 때때로 부모의 요구를 충족시키는
방향으로 자신의 전 생애를 살아옴으로써 그 결과로 부모에
대한 봉사를 통하여 그들 자신의 감정 경험을 희생시켜 온 경
우도 볼 수 있다.

### 3) 아동성애 장애

성도착 장애 중에서 아동성애 장애는 치료자에게 치욕감과
경멸스러운 감정을 가장 많이 일으킨다. 환자는 성적 욕망을
채우기 위하여 죄 없는 어린아이에게 회복할 수 없을 정도로
상처를 준다. 이들을 치료할 때는 몇 가지 개념적 혹은 정신역
동적 가설을 채택하는 것이 환자들을 공감하고 이해하는 데
도움이 된다. 전통적 관점에서 보면 아동성애 장애는 아동을
자신의 아동기적 거울상mirror image으로 간주하는 자기애적 대
상 선택이다. 환자들은 또한 아동이 성인 상대자보다 덜 저항
하고 불안도 덜 일으키기 때문에 성적 대상물로 삼는 무력하
고 허약한 사람들이다.

임상적 측면에서 아동성애 장애 환자들은 대부분 자기애성 성격장애로 고통받고 있다. 사춘기 이전의 아동과의 성행위는 환자의 약한 자존감을 추켜올려 줄 것이다. 또 많은 환자가 아동과 함께 생활할 수 있는 직업을 선택하는 경향이 있는데, 이는 환자를 이상화시키는 아동의 반응이 환자의 긍정적 자존감을 유지하는 데 도움이 되기 때문이다. 반대로 환자 역시 아동을 이상화함으로써 이들과의 성행위는 이상적 대상과 융합하고 어린 시절의 이상화된 자기를 회복한다는 무의식적 공상을 동반한다. 나이를 먹고 죽어간다는 불안도 아동과의 성행위를 통하여 극복될 수 있다.

한편, 아동성애 장애 환자들은 사춘기 이전 남아와의 관계를 통해 남성성을 흡수함으로써 자신의 무의식적인 여성 동일시를 숨기는 기능을 하기도 한다. 남아와의 성관계는 환자로 하여금 마치 자신이 그 남아의 한 부분이 된 것으로 느끼게 한다. 더 깊은 수준에서는 남아와의 결합은 어머니의 유방을 함입하려는 소망을 의미하고 따라서 어렸을 때 제대로 된 양육의 결핍을 보상하려는 것이다.

아동성애증적 행위가 심한 반사회성 양상을 보이는 자기애성 성격장애나 반사회성 성격장애 구조의 한 부분으로 일어나면 이때의 무의식적 결정인자는 가학 장애의 역동과 밀접한 연관을 갖게 된다. 즉, 아동을 성적으로 정복하는 것이 복수의

수단이 되는 것이다. 환자들은 어린 시절 자신이 실제로 성적
학대의 희생자였던 경우가 많고, 이 환자들의 정복감이나 승
리감은 자기 스스로가 희생자를 능동적으로 계속 학대함으로
써 자신의 아동기 때 수동적 외상을 변형시켰다는 것을 의미
한다.

정복욕이나 공격성은 자기 자식이나 양자와의 근친상간적
관계에 성행위를 한정하는 아동성애 장애 환자의 두드러진 특
징이라 할 수 있다. 이러한 환자는 아내로부터 사랑받지 못하
고 있다고 느끼는 경우가 많고, 자신을 희생자라고 생각하게
함으로써 아동으로부터 보호반응을 일으키는 경우도 많다. 그
러나 이러한 자기표현의 이면에는 성적 상대를 제어하고 정복
하려는 의도가 숨어 있다. 이러한 근친상간을 일으키는 아버
지는 여성에 대하여 적개심을 가지고 있고 또한 성기를 여성
에 대한 복수의 도구로 생각하는 경우가 많다. 어떤 환자는 강
력한 분노심이 발기를 일으킨다고도 하였다.

### 4) 성애물 장애

성애물 장애 환자들은 성적 흥분을 얻기 위하여 여자의 속
옷이나 구두 등의 무생물이나, 성기가 아닌 다른 신체 부분을
사용한다. 프로이트는 처음으로 성애물 장애에 대해 기술하면

서 거세불안을 이 장애의 원인으로 보았다. 성적 감정을 불러일으키는 물건fetish으로 선택된 대상물은 상징적으로 여성의 성기를 뜻하며, 이러한 전치 현상은 성애물 장애 환자들이 거세불안을 극복하도록 돕는다. 남성이 여성의 성기에 대하여 알게 되면 성기를 잃어버리고 여성처럼 되어 버릴 것이라는 불안이 증가된다는 가정을 한 프로이트는 이러한 무의식적 상징화를 통하여 성애물 장애가 비교적 많다는 사실이 설명될 수 있다고 생각하였다. 그는 자아의 분열이라는 개념을 발전시키기 위하여 이 가설을 다시 사용하였다. 즉, 성애물 장애 환자의 심리에는 거세에 대한 부인과 거세에 대한 인정이라는 2개의 모순되는 사고가 함께 존재하는데, 물건은 2가지 모두를 상징하고 있다.

성애물 장애를 이해하는 데 중심이 되는 것은 거세불안이라고 보지만 그 근원은 더 이전 단계의 장애로 보는 입장이 있다. 즉, 생후 첫 몇 달 동안의 만성적인 외상적 상호작용이 성애물 장애가 발생하는 데 작용할 수 있다는 것이다. 유아와 엄마 사이의 관계에 심각한 문제가 생길 경우, 유아는 엄마로부터 위안을 받을 수 없게 된다. 그러므로 유아는 신체적으로 이상이 없음을 경험하기 위하여 '마음이 든든할 수 있도록 굳건하고 완고하며 변치 않는, 또 지속적이라고 믿을 수 있는' 무엇인가를, 즉 물건을 필요로 하게 된다. 이러한 성기기 전단계의 장애는 후에 남자아이나 남성 성인이 성기를 보전할 것을 걱정하게 될 때 다시 활성화된다. 결국 물건이 과도기적 대상 의 하나로 작용한다는 것이다.

코헛 역시 이와 유사한 시각으로 보았으나 자기심리학적인 용어를 사용하여 표현하였다. 그는 유아기에 유용하지 못했던 어머니를 특징적 외상으로 경험했던 남자 환자에 대하여 기술 하였다. 환자는 사용할 수 없는 자기대상의 대용물로서 속옷 을 물건으로 사용하였다. 엄마에 대한 무력감에 반하여 환자 는 인간이 아닌 자기대상 대용물에 대하여 지속적으로 전적인 통제를 할 수 있었다. 따라서 물품음란증적 대상에 대한 강렬 한 성적 욕구가 존재한다는 것은 실제로는 자기감의 상실에 대한 극심한 불안을 반영하는 것이다.

## 5) 의상전환 장애

의상전환 장애 역시 흔한 성도착 장애의 하나로, 남자 환자 가 성적 흥분을 일으켜서 이성과의 성관계나 자위행위를 하기 위하여 여성의 의상을 입는 것을 의미한다. 환자는 남성 의상 을 입었을 때는 남성적 태도를 취하지만 여성의 의상을 입으 면 여성적이 된다. 복장도착에 대한 전통적인 정신분석적 이 해는 어머니가 남근을 가지고 있다는 생각을 중심으로 한다.

분명하게 본 적은 없지만 어머니가 남성 성기를 가지고 있다고 상상함으로써 남아는 자신의 거세불안을 극복한다. 따라서 복장도착 행위는 남근을 가진 어머니와의 동일시로 생각된다.

　더 원시적인 수준에서 어린 남아는 분리불안을 면하기 위하여 어머니를 동일시한다. 자신과 어머니가 서로 다른 성기를 가지고 있다는 사실을 알게 되면 어머니와 자신이 다른 사람이기 때문에 어머니를 잃을지도 모른다는 불안이 야기될 것이다.

　의상전환 장애 환자에 대한 임상적인 연구를 통해 보면, 대개의 환자는 의상전환증적 행동을 할 때 정신적으로 모성적 대상과 어느 정도의 융합을 경험한다고 한다. 이렇게 해서 환자는 내적 어머니의 존재를 상실할 위험이 없다고 스스로 안심하게 된다. 이 환자들은 언제나 이성과 성관계를 갖지만 이들의 성은 대개 억제되어 있는 경우가 많다. ◆

# 3. 성도착 장애 치료의 개관

성도착 장애 환자들을 치료한다는 것은 지극히 어려운 일이다. 이들은 수년 동안 자신의 문제에 대하여 교묘한 성적 해결방법을 발달시켜 왔으며 이를 포기하는 것에는 거의 관심이 없다. 왜 이들이 자신에게 대단한 쾌락을 주는 일을 주저하겠는가? 대부분의 성도착 장애는 환자 자신이 선택한 행동으로 어색하지 않게 받아들여진 것이다. 이들은 증상으로 인하여 고통을 당하는 경우에 치료를 생각할 것이다. 하지만 일반적으로 환자들은 자신의 병을 개인적인 기벽일 뿐이라고 생각한다.

그러므로 많은 성도착 환자는 강압에 의해 치료를 받게 된다. 의상전환 장애의 경우에는 부부간에 위기가 발생하여 이혼의 위협 때문에 치료를 받게 될 수도 있다. 미국의 경우를 보면, 관음 장애, 노출 장애, 특히 아동성애 장애의 경우 집행유예 상태에서 치료가 위임되거나 구금 대신 치료를 받게 하는 등 사법적 강제조치가 취해지기도 한다. 공판날이 연기되는 경우 법정에서 잘 보이려고 하거나 검사에게 고소를 취하하도록 영향력을 행사할 목적으로 치료를 받게 하는 수도 있다. 따라서 모든 성도착 장애에서 사법적인 상황을 명확히 하는 것이 첫 번째 일이다. 의사는 법정에서의 처리 후로 치료를 연기할 것인지를 결정할 수 있다. 법적인 모든 문제가 해결된 후에도 치료를 계속하고자 하는 환자의 경우에는 예후가 좋을 것이다.

이 환자들의 치료에 있어 또 하나 중요한 장애물은 역전이 반응이다. 프로이트 이래로 많은 사람이 주장한 것처럼 치료자가 진정으로 무의식적인 성도착적 소망과 싸운다면, 치료자 자신의 성도착적 충동에 반응하는 것과 똑같이 성도착 환자에게 반응할 것이라고 가정해 보는 것은 당연한 일이라고 할 수 있다. 치료자는 종종 혐오와 불안과 모욕감에 휩싸이게 된다. 치료자 자신의 자연적인 충동은 도덕심을 불러일으키고, 꾸짖으며, 알아듣게 설명하고, 이러한 성도착을 없애기 위하여 할 수 있는 모든 것을 하는 등 어떤 형태로든 처벌을 하려고 한다. 또 치료자 자신이 이러한 충동을 마음껏 사용한다면 치료자는 두려움을 느끼고 위축될 것이다. 마지막으로, 또 다른 역전이 경향은 인생의 다른 면에 대하여 대화를 함으로써 성도착에 대한 논의를 회피하려는 환자의 의도에 공모하는 것이다. 치료자는 성적 병리 전반에 대한 논의를 회피함으로써 자신의 혐오감이나 모욕감을 회피할 수 있다. 어떤 환자들, 특히 아동성애 장애 환자에게는 강한 역전이적 증오 때문에 자신이 효과적일 수 없다고 느끼는 치료자도 있다. 이러한 경우에는 다른 치료자에게 환자를 의뢰하는 것이 최선책이다.

도착증 환자의 치료가 어려운 또 다른 이유는 성도착 장애와 함께 나타나는 다른 정신적 질환 때문이다. 성도착적 공상이나 행동 자체도 충분히 변화되기 어렵지만, 환자의 상태가 경계선, 자기애성 혹은 반사회성 성격장애와 동반될 경우에는 그 예후가 훨씬 더 나쁘다.

성도착 장애의 치료에 있어서 이러한 어려움에도 불구하고, 아니 이러한 어려움 때문에 일반적으로 정신역동적 치료가 좋은 치료법이 된다. 치료 결과에 대한 연구도 적고 그 결과를 해석하는 것도 조심스럽지만, 어떤 종류의 치료든지 성도착 장애 환자들을 효과적으로 치료하는 데는 어느 정도의 제한이 있다. 행동치료의 경우 단기적으로는 어느 정도의 성공을 거두는 반면, 장기적으로는 썩 좋은 결과를 보이지 않는다.

CPA cyproterone acetate 나 MPA medroxyprogesterone acetate, Depo-Provera 등 항안드로겐 약물이 때로는 유용하지만 그 효능은 제한적이다. 이 약물들은 혈전성 정맥염이나 폐경색 등 심각한 부작용을 나타내며, 비순응의 문제가 해결되어야 한다. 한 연구에서는 50% 이상의 탈락률을 보였고, 15%는 투약을 하고 있는 중에도 성도착적 증상이 나타났다고 하였다. 또한 항안 드로겐 약물이 혈중 테스토스테론 수준을 떨어뜨려 성욕을 낮추기는 하지만, 성도착 그 자체는 전혀 변화시키지 못했다고 한다. 약물 투여를 중단하면 일주일도 못 되어 도착적 행동이 재발하게 된다. 항안드로겐 약물을 정신역동치료와 병행하는 경우에는 약물 순응을 증가시키고 탈락률을 낮출 수 있을 것이다. 일부 약물 연구자는 임상 관찰을 통하여, MPA가 치료적인 이득이 있을 것인지는 논란의 여지가 있지만 심리치료에 의한 변화가 자리를 잡는 동안 이 약물이 증상 발현의 위험성을 낮출 수 있다면 효과적인 치료의 한 부분이 될 수 있을 것으로 보기도 한다.

성도착 장애에는 단 하나의 적절한 치료란 없으며, 개개인에 맞추어 잘 짜인 접근이 필요하다는 데 의견이 점점 일치하고 있다. 통합 모델에는 개인심리치료, 역동적 집단심리치료, 인지적 재구성, 행동적 재조건화와 재발예방 같은 방법이 포함된다. 대부분 임상가는 치료가 효과를 거두기 위해서는 환자가 자신의 행동과 그로 인한 손상에 대하여 책임을 져야 한다는 것을 충분히 인정해야 한다고 보고 있다.

일반적인 치료 목표는 환자가 질환을 부인하는 것을 극복할 수 있도록 돕고, 도착행위의 피해자에게 공감할 수 있도록 도와주며, 도착적인 성적 각성을 인식하여 치료를 받도록 하고, 사회적 결핍과 부적절한 대응 기술을 인식할 수 있게 하며, 인지왜곡에 대하여 도전하고, 유혹받기 쉬운 상황의 회피를 포함한 총체적인 재발예방 계획을 세울 수 있게 도와주는 것이다. ◆

# 4. 성도착 장애의 심리치료

표현적 측면을 강조하는 표현-지지적 개인심리치료가 때로는 좋은 치료 방법이 되기도 하지만, 치료자의 기대는 정도를 넘지 않아야 한다. 많은 환자가 대상관계나 자아 기능의 측면에서 상당한 이득을 얻기는 하지만, 근원적인 도착적 경향은 거의 변화되지 않는다.

일반적으로 더 높은 수준의 성격 형성을 보이는 환자의 예후는 경계선 수준의 성격 형성을 가진 환자에 비하여 더 좋다. 특히 심리치료는 성도착이 일차적으로 오이디푸스 콤플렉스에 대한 반응으로 성적 강도를 증가시키고 촉진시키기 위하여 작용할 때가 자기의 붕괴를 막기 위해 작용할 때에 비하여 더 효과적이다. 또한 치료를 받을 심리적 태도를 갖추고 있거나 어느 정도 동기를 가지고 있고, 증상 때문에 괴로워하거나 증상의 원인을 궁금해하는 환자는 그렇지 않은 환자에 비하여 예후가 더 좋다. 성기기에 고착된 아동성애 장애 환자가 상당한 수준의 자아강도를 가지고 있을 경우, 정신분석에 잘 반응할 수 있다는 보고도 있다.

성도착 장애 환자들이 역동적 심리치료를 받을 때는 몇 가지 전형적인 문제들이 발생한다. 그중 하나는 환자가 성도착 자체에 초점을 맞추기를 원하는 경우는 매우 드물며, 자신에게는 더 이상 아무런 문제가 없다고 주장하는 경우가 많다는 점이다. 심리치료자라면 누구나 성도착에 연관되어 있는 질환을 치료하려고 하므로 틀림없이 처음부터 강한 부정과 대면하게 될 것이다. 코헛이 지적하였듯이 도착적 행동과 공상은 때로는 분열되어 구획 지어진 인격의 한 부분에만 존재하게 된다. 따라서 도착적 행동을 환자의 인격 기능의 중심 부분과 일치시키고 이러한 작업을 평생을 통하여 지속시켜 나가는 것이 치료적 임무의 하나다.

심리치료 중 자주 만나게 되는 또 다른 어려움은 도착적 행위를 대할 때 처벌하려는 자세를 피해야 한다는 것이다. 미국 어떤 주의 법률은 정신과 치료 동안에 환자의 아동성애증적 행동이 드러나면 내담자의 비밀보장 약속을 위배하더라도 당국에 알려야 한다고 요구하기도 한다. 법적·윤리적인 면을 떠나서도 도착적 행위는 치료자에게 몹시 불쾌한 반응을 일으키기 쉽다. 때로 예민한 환자는 치료자가 처벌하려는 태도를 갖지 않으려고 애쓰는 것을 알아차리기도 한다. 눈치 빠른 환자는 치료의 초점을 성도착 증상에 두는 치료자를 가혹하고 잔인하다고 비난함으로써 역전이를 벗어나려는 치료자의 노력을 이용할 수도 있다. 또한 어떤 환자는 증상의 논의를 피하기 위하여 스스로 부끄럽고 당황하며 창피스러운 느낌을 갖는 척할 수도 있다.

치료적 동맹을 형성하기 위하여 환자가 일차적인 저항을 극복하고 자신의 성도착 증상을 스스로 이해할 수 있다면, 환자나 치료자 모두 증상의 무의식적 의미와 환자의 인격 안에서 증상의 기능을 파헤치기 시작할 수 있다. 대부분의 성도착 장애는 환자의 대상관계에서 자신도 모르는 사이에 드러난다. 많은 환자는 자신의 공상이나 행위를 심리적이지 않은 것으로 경험하며, 증상과 감정 상태 사이의 관련성이나 증상과 증상의 필요성을 증가시킨 생활 사건 사이의 관련성을 잘 알지 못하고 있다. 따라서 치료자는 이러한 관련성을 설명하기 위하여 많은 노력을 해야 한다. 치료자는 또한 성도착적 공상이나 행위의 대상관계적 측면을 지적할 수 있다.

• 부부치료

부부치료가 성도착의 성공적 치료에 중요한 경우도 있다. 부부간의 위기는 환자가 치료를 받게 된 동기가 되는 경우가 많다. 부부치료는 도착적 행동이 한 쌍의 부부에게 어떻게 성적 어려움과 감정적 곤란으로 나타나는지를 알게 해 준다. 부부치료를 통해 아내의 부당한 죄의식이나 책임감을 덜어 주고, 그 대신 아내에게 아내는 이 질병의 원인이 아니라 해결 방편의 일부라는 느낌을 갖게 해 준다. 또한 부부간의 부조화를 밝혀 냄으로써 성도착 장애가 결혼에 있어서 다른 더 많은 문제를 도외시하게 하는 한 방편이 된다는 것을 알릴 수 있을 것이다.

그러므로 치료자에게 잘 반응하지 않는 성도착의 경우, 환자의 배우자를 보조 치료자로 이용할 필요가 있다. 많은 치료 방법을 사용해서도 반응을 보이지 않던 한 노출 장애 환자는 그의 아내가 그가 가고자 하는 모든 곳에 자동차로 데려다 준다는 데에 동의했을 때에야 비로소 증상을 제어할 수 있었다고 한다.

• 가족치료

근친상간의 환경에서 일어나는 아동성애 장애의 경우 가족 치료가 전체 치료 계획의 중요한 부분이 된다. 환자의 어머니는 부녀 혹은 부자간의 성관계에 충분한 증거들을 외면함으로써 이러한 근친상간적 가족 구성에 동참하는 결과를 낳는다. 이 경우 어머니 자신이 부모나 형제들을 돌보는 데 너무 바빠

4. 성도착 장애의 심리치료 ✳ 171

서 유아기에 필요한 양육을 받아보지 못하고 조숙한 아이부모화
된 아이로 자랐을 가능성이 많다. 이러한 어머니는 계속 누군가
를 돌보고자 하는 성격 때문에 매우 의존적인 남성과 결혼하
는 경향이 있다. 또한 만성적으로 무시당했다는 느낌을 가지
고 있기 때문에 아이들을 키우는 것에 대하여 매우 양가적인
경향이 있고, 이들의 아이들 역시 어른이 되면 패배감에 젖어
결국 남편을 무시하게 된다.

이렇게 부부관계가 더욱 소원해지면 아버지는 아이 중 하
나, 대개는 큰딸에게로 가서 보호를 받게 되는데 이 딸이 바로
제2세대의 부모화된 아이가 되는 것이다. 이 아이는 어머니를
대신하여 책임감을 느끼게 되고, 이러한 책임에 부분적으로
그녀의 아버지를 성적으로 만족시키는 것이 포함할 경우 자신
의 요구나 권리는 경시하게 된다. 그녀는 타인의 요구를 만족
시키기 위하여 존재하는 것이다.

근친상간 사례에 대한 가족치료를 통하여, 피해자가 가해
자를 보호하고 그에 대한 충절을 지키려고 하는 모습을 종종
볼 수 있다. 가족치료를 효과적으로 수행하기 위해서는 이러
한 정신역동에 주의를 기울여 가해자에 대한 피해자의 충절을
이해하고 존중해야 한다. 또한 성적인 면이나 성도착 자체보
다는 관계 형성을 유지하고 감정적 연관성을 유지하려는 아버
지의 소망에 초점을 두는 것이 도움이 될 것이다.

근친상간의 피해자는 종종 가족들로부터 받은 유일한 온정은 아버지로부터였다고 보고한다. 따라서 치료자는 어머니로부터의 정서적 자원의 감소, 즉 보살핌을 받지 못한 것을 공감할 수 있어야 하고 어머니의 자아 능력을 보강해 주어야 한다. 만약 치료자가 악한 사람을 징벌하는 쪽으로 노력한다면 강한 저항에 부딪칠 것이다. 즉, 가족 구성원들이 가족체계 내에 존재하는 균형 잡힌 평형을 이해하지 못하는 외부 공격자를 막아 내기 위하여 방어벽을 치게 되는 것이다.

• 역동적 집단심리치료

성도착 장애 환자를 효과적으로 치료하는 또 다른 방법은 역동적 집단심리치료다. 관음 장애나 노출 장애 환자는 집단치료에 잘 반응한다. 6개월에서 36개월의 추적조사를 한 연구에서 24명의 환자 중 21명이 회복되거나 호전되었다. 아동성애 장애 환자 등 성폭력자들을 대상으로 하여 법에 의해 강제로 수행된 외래 집단치료 역시 만족할 만한 결과를 나타냈다. 이 환자 집단에서는 마치 약물남용과 알코올 중독 환자들의 집단이 파괴적 행동의 변화를 참아 내도록 집단적으로 압력을 가하는 것처럼, 환자의 문제에 친숙한 다른 성폭력자들로부터의 지지와 직면을 사용하였다.

한 연구에 따르면 기질적 뇌증후군, 정신병, 약물남용, 반사회성 성격장애 및 배타적 성도착 장애와 연관되어 극심하게 손상된 아동성애 장애 등의 경우를 제외한 표현적 집단심리치료에 잘 반응하는 아동성애 장애 아군亞群을 가려낼 수 있었다. 비록 이 환자들이 자신은 책임이 없다고 주장하면서 다른 사람들에게 비난의 화살을 돌리는 경우가 있기는 하여도, 많은 환자가 무의식적인 죄의식과 그들의 행위가 발각된 것에 대한 심한 창피감과 모욕감으로 괴로워하였다.

그러나 이러한 감정은 심리치료적인 조사 작업에 대한 저항으로 받아들여진다. 또한 치료가 법적으로 지시된 것이기 때문에 환자들은 집단치료자를 법정과 관련되어 있는 요원으로 생각하고 형기를 치른다는 자세를 취하게 된다. 한편, 반사회적 성향이 적고 무의식적 죄의식을 보다 많이 가진 환자는 집단치료 과정을 통하여 여성에 대한 증오가 사랑받고자 하는 소망에서 기인하였다는 것을 이해할 수 있게 된다. 이를 통하여 환자들은 성적 충동을 더 잘 제어하게 되고 대상관계 능력도 전반적으로 향상된다. ◆

# 5. 성도착 장애의 입원치료

입원치료를 받게 되는 성도착 장애 환자들은 대개 아동성애 장애 환자이며 적은 수의 노출 장애 환자가 이에 속하는데, 이들은 외래치료만으로는 자신의 행동을 제어하지 못하는 환자들이다. 이미 언급된 많은 형태의 역전이 문제가 입원치료에서도 발생한다. 한 가지 현상은 환자와 무의식적으로 공모하는 것이다. 성도착 장애라는 것을 환자들이 부인함에 따라 치료자도 다른 문제에 초점을 맞춤으로써 환자들과 공모하게 되는 것이다.

한 노출 장애 환자가 잠옷 아래 발기된 성기를 노출한 채 병원 복도에 앉아 있는 일이 자주 있었다. 그러나 의사가 환자의 이런 모습을 보는 것에 대한 두려움이 바로 역전이의 한 형태라고 지적하기 전까지는 간호사 중 어느 누구도 이러한 행동을 보고하지 않았다. 간호사가 병실 순회를 할 때 이 환자는 옷을 모두 벗고 서 있는 일이 자주 있었으며 그때 그는 깜짝 놀라면서 간호사에게 화를 내었다. 주치의는 이러한 그의 행동을 병동회의에 상정하였고, 환자는 그의 주치의가 둔감하고 잔인하게도 대중 앞에서 그를 당황하게 만들었다고 비난하면서 동료들에게 지지를 호소하였다.

일반적으로 성도착 장애 환자들은 자신의 문제를 병동회의나 집단모임에서 논의하는 것에 반대한다. 그러나 치료자들이 치료회의에서 성적인 문제를 피하자는 요청에 동의한다면, 입원치료의 동기가 된 성도착의 문제를 취급하지 않고 입원기간을 보내려는 환자의 경향에 치료자마저 동조하는 것이 된다. 따라서 치료자는 먼저 치료상의 모든 문제가 집단모임에서 논의될 것이라는 것을 환자에게 말해 주어야 한다.

아동성애 장애 입원 환자는 다른 환자들만큼 환자 집단으로부터 효과적인 피드백을 받지 못한다. 또한 반사회적 성격 성향이 강한 환자는 성도착적 행위가 입원 중 다루어지지 않도록 하기 위하여 거짓말을 한다. 한 환자는 6주간 입원해 있으면서 부당하게 고발당했다고 주장하였다. 그러나 퇴원하던 그 환자는 의사에게 자신이 실제로 한 아이를 괴롭혔으나 이를 인정하고 싶지 않았다고 웃으면서 고백하였다. 이 환자가 병원을 떠났을 때 의사는 환자의 상태를 호전시키지 못한 것에 대하여 좌절감과 무력감을 느끼게 되었다. 또 다른 아동성애 장애 환자들은 지시를 잘 수행함으로써 치료에 잘 협조하고 있다는 것을 치료진에게 확신시키기도 한다. 이들은 심리치료에서 자신의 충동과 소망의 근원에 대하여 병식을 얻은 듯 보이지만 실제로는 스스로 변화되는 것에 아무런 흥미가 없다. 그들은 감옥보다 훨씬 낫기 때문에 소위 입원치료라는 놀이를 즐기고 있는 것이다.

입원기간 중 모범 환자였던 한 아동성애 장애 환자는 퇴원을 즈음하여 자신의 아동성애증적 충동을 완전히 제어할 수 있게 되었다고 하였다. 더 이상 아동들로 인하여 흥분되지 않는다고까지 하였다. 퇴원 후 감호소로 이송되고서도 그는 아동성애증적 소망으로 인해 고통받지 않고 있다고 계속 주장했다. 그러나 경찰이 2건의 아동학대를 문제 삼아 그에게 구속영장을 발부하였을 때 이러한 착각은 깨지고 말았다.

치료를 지속하는 동안 이런 식으로 치료진을 속이는 일은 성도착 장애 환자들에게는 몹시 빈번하다. 따라서 아동성애 장애 환자들은 집단면접 방법 등 성적 가해자들을 위한 특별 프로그램을 갖춘 교정기관에서 치료를 받는 것이 더 바람직할 수도 있다. ◆

# 6. 노출 장애의 치료 이론

　노출 장애 환자는 성적인 흥분에 도달할 목적으로 자신의 성기를 낯선 사람에게 보이는 반복적인 행동을 한다. 다른 성도착 장애와 마찬가지로, 노출 장애는 거의 남성들에게서만 보이며 체포당하게 만드는 가장 흔한 성적 공격행위다. 노출 장애는 축 늘어진 성기를 보이거나 발기된 성기를 보이는 것 모두가 포함되며 대부분 자위가 동반된다. 이들은 그러한 행위를 할 때 신경이 예민해지고, 심장이 뛰며, 땀을 흘리고, 벌벌 떠는 등의 인지적·심리적 징후를 느낀다. 많은 사람은 충동이 너무나 강해서 통제할 수 없으며, 그들이 지금 무엇을 하고 있는지 자각하고 있을 때조차도 그렇다고 보고한다. 그러한 상황에서 그들은 더 이상의 성적인 접촉을 시도하지 않는 것이 보통이다.

　비노출 장애 환자에게는 흥분을 일으키지 않는 자극이 노출 장애 환자에게는 성적으로 흥분되는 것인지의 여부를 검사하기 위해 남성 노출 장애 환자에게 성기혈류량 측정을 해 보았다. 실험은 정상집단과 성폭력 전과가 있는 노출 장애 환자 집단을 대상으로 이루어졌다. 실험 결과, 노출 장애 환자 집단은 에스컬레이터를 타고 가거나 공원에 앉아 있는 것과 같이 성적이지 않은 상황에서 완전히 옷을 입고 있는 여자들의 슬라이드를 보여 주었을 때 비교 집단보다 유의미하게 높은 흥분을 보인 반면, 성애적이고 성적 흥분을 불러일으키는 슬라이드에 대해서는 비슷한 정도의 관심을 보였다. 이러한 결과는 노출 장애 환자들이 성적인 접촉의 '구애' 단계에서 단서들을 잘못 읽는다는 가설과 일치하였다. 비노출 장애 환자에게는 성적인 것으로 판단되지 않는 상황을 이들은 성적인 것으로 잘못 받아들이는 것이다.

또한 그들은 잘 알지 못하는 사람들에 대해서 성적인 선호를 보인다. 임상적인 지식에 따르면 노출 장애 환자들은 일반적으로 쇼크, 두려움, 혐오와 같은 희생자들의 반응으로부터 커다란 만족을 얻어 낸다는 것을 알 수 있다. 그러나 노출 장애 환자의 성적 흥분에 관한 실험실 연구에서 노출 장애 환자들은 여자들이 화를 내거나 두려워하는 것으로 그려진 필름에 대해 특별히 성적인 흥분을 일으키지는 않았다.

노출 장애는 대개 사춘기 때 시작하여 20대까지 이어지고 그 이후에는 감퇴된다고 한다. 그러나 이것은 법정 자료에 근거한 것이기 때문에 실제로 빈도가 줄어드는 것인지, 아니면 나이든 노출 장애 환자들이 덜 체포되는 것인지는 알려져 있지 않다. 노출 장애 환자들은 교육적으로나 지적으로 정상인 것으로 보인다.

21세 이상의 노출 장애 환자의 75%는 결혼을 했다. 포르작과 미첼(1982)은 다른 범죄행위를 저지르는 노출 장애자와 저지르지 않는 노출 장애자의 성격 특성을 비교한 연구에서 범죄를 저지른 노출 장애자가 더 사회병질적이고 더 높은 수준의 심리적인 병리를 가졌음을 밝혀냈다.

일반적인 노출 장애자에 대한 기술과 앞의 사례1장 p. 50에 나온 사례에서 다룬 P를 비교해 보면, P가 어떤 면에서는 전형적인 노출 장애자가 아님을 볼 수 있다. P는 통상적인 경우처럼 자기를 공개적으로 드러내기보다 차 안에 있으면서 다른 사람들이 보아 주기를 바랐다. 또한 그는 자신의 노출 행동이 성적인 접촉으로 이어지기를 바랐다. 이 점은 노출 장애 환자의 전형적인 특징은 아니다. 많은 노출 장애 환자들은 그들의 희생자와 성적인 접촉을 하는 것을 실제로는 두려워하고 있는 것으로 여기기 때문이다.

그러나 P의 배경에 관한 몇 가지 특징은 전반적으로 노출 장애 환자들의 특징과 상당히 유사하다. 모어Moher 등(1964)의

연구자들에 따르면, 많은 노출 장애 환자가 자신들은 아버지
와의 사이가 멀다고 느꼈다고 한다. 더욱이 그들의 결혼생활
은 성적인 조절에 있어서 각별한 어려움이 있는, 결핍된 생활
인 경우가 많았다. 대인관계적인 측면에서 보면 노출 장애 환
자들은 사회적으로 고립되어 있는 경향이 있으며 소수의 친구
만이 있을 뿐이다. 그리고 스트레스를 받으면 증상이 더 심해
지는 경향이 있다.

마찰 행동은 동의하지 않은 사람에게 접촉하고 비비는 것
과 관련된 강렬한 성적인 충동과 성적인 흥분을 일으키는 환
상과 관련이 있다. 성적으로 흥분되는 것은 접촉 때문이지 행
동의 강제성 때문이 아니다. 이들은 대개 마찰 행동만 나타나
기보다는 노출 장애와 같은 다른 성도착 장애와 병발하여 나
타난다는 임상적 보고가 있기는 하지만 접촉마찰 장애에 대해
서는 별로 알려진 바가 없다.

• 정신역동적 이론

정신역동적 이론에서는 여러 가지 성도착 장애를 정상적인
성교에서 야기되는 불안을 방어하는 것이라고 본다. 예를 들
어, 페니켈(1945)은 노출 장애 환자를 오이디푸스 콤플렉스를
성공적으로 해결하는 데 실패한 사람들로 보았다. 즉, 노출 장
애 환자들은 성적인 대상으로서의 어머니를 포기하고 아버지

에 의한 거세불안을 극복하면서 아버지를 동일시하는 대신에, 정상적인 성교와 연합되어 있는 거세에 대해 계속해서 두려워하고 있다는 것이다. 카프만(1954)에 따르면, 노출 장애는 어머니가 원인이 된다. 무의식적인 남근선망에 끌려서 아들과 동일시하고 심지어는 성적으로 도발적이기까지 하다는 것이다.

노출 장애 환자에게 있어서 노출 행동은 자신이 성기를 가지고 있으며 아직 거세되지 않았다는 것을 확증시키는 것으로 보인다. 페니켈은 이들은 자신의 성기를 여자에게 보여 주면 그들도 자신에게 성기를 노출할 것이라는 무의식적인 소망을 가진다고 보았다. 이를 통해 여자들에게 남근이 없는 것을 직접 보게 되면서 자신의 거세불안이 감소되는 것으로 보인다.

또 다른 정신역동적 설명에서는 노출 장애가 어머니에 대한 노출 소망의 대체이거나 억압된 동성애의 표현 혹은 근친상간적인 충동의 대체라고 제안한다(Karpman, 1954). 이와 비슷하게, 정신분석적 이론은 P의 접촉마찰 장애를 성적인 충동을 표현하는 대체방식이라고 여길지도 모른다. 비록 이러한 고찰이 P의 경우에 일정 정도 들어맞기는 하지만, 그러한 설명을 확증할 수 있는 자료가 많지 않다. 더욱이 P가 성공적으로 성교를 할 수 있다는 사실은 정신분석적인 입장에서는 쉽게 설명하기 어렵다.

학습 이론에 기초하여 P의 사례를 분석해 볼 수도 있다. 우

선, P는 사춘기 초기에 오르가슴이 비비는 것과 연결되는 우
연한 조건형성 시행을 경험하였다. 이러한 한 번의 경험이 지
속적인 영향으로 남지는 않지만, 비비는 행동과 오르가슴 간
의 연결은 그와 여동생 간의 많은 유사한 경험을 통해 강화되
었다. 그러나 사회적인 기술이 부족하고 데이트도 자주 하지
않은 상태에서 첫 번째 정상적인 성교가 실패로 끝나자 마찰
행동에 대한 관심이 지속되었고 노출증이 생기게 된 것이다.
더욱이 아내와의 만족스럽지 못한 성관계는 그에게 과거의 행
동 패턴을 포기할 수 있는 기회를 제공해 주지 못했다.

그러나 이러한 설명은 여러 가지 면에서 불충분하다. 왜
P는 그의 여동생과 마찰 습관을 강화했는가? 무엇이 그로 하
여금 정상적인 성적인 쾌락을 즐기고 연애할 수 있도록 하는
기술을 발전시키는 대신에 노출 행동을 하도록 이끌었는가?

초기의 성경험이 반드시 전 생애에 걸친 영향을 미치는 것
은 아니다. 뉴기니아의 잠비아족에 대한 연구에서 이 점이 분
명해졌다. 잠비아족의 경우 7세 때부터 사춘기 때까지인 첫
번째 단계 동안에 모든 소년이 나이 많은 소년들에게 가능한
한 자주 펠라치오를 하는데, 이것은 그들이 평생 동안 공급할
정액을 마셔둘 필요가 있다고 믿었기 때문이다. 잠비아족은
사춘기 때부터 결혼할 때까지 여자들과의 성관계를 금기시한
다. 10대 후반이나 20대 초반쯤 결혼을 하면 이들은 완전히 이

성애자가 된다. 그들이 가졌던 초기의 동성애 경험은 이성애적 흥분을 느끼는 데 별다른 영향을 미치지 못하는 것이 분명하다.

• 정신분석적 치료

정신분석적 치료는 앞서 소개한 병인론적 모델을 따르며 자유연상, 꿈 분석, 해석 등 기본 기법을 활용하여 노출 장애 환자들의 무의식적인 충동을 탐색하도록 고무받는다. 그 밖에도 분석가들은 환자의 생활 상황을 바꾸기 위해 출가를 하거나 부부간의 성관계를 개선시키는 등의 상황 변화를 꾀한다.

• 행동주의적 치료

노출 장애 환자에 대해 행동주의적 접근을 시도한 여러 사례 보고가 있다. 한 행동주의적 치료자는 성도착 행동을 보다 적절한 성반응으로 조형하면서 체계적인 둔감법을 성공적으로 사용하였다. 이 치료에서 둔감화는 성적인 접촉과 관련된 젊은 남자의 불안을 감소시키는 데 맞추어졌다. 환자는 우선 깊은 근육이완 훈련을 교육받은 뒤, 이완 상태에서 여자와 사회적인 접촉을 하는 데서부터 성교하는 데 이르기까지의 장면을 위계적으로 상상하도록 했다. 둔감화가 진행되면서 환자는 가벼운 성적인 자료에서부터 시작하여 절정기에 이르기까지 단계적으로 성적인 흥분을 일으키는 잡지를 보라고 지시받았다. 비록 환자는 이전에 종교적인 이유로 그런 잡지를 피해 왔지만 점점 빠지게 되었다. 마지막 단계에서 환자는 직접적인 성관계를 맺게 된다. 성관계가 진행되면서 환자는 자신의 노출증적인 욕구가 줄어들었다고 보고했다. 이 사례는 18회의 상담 후에 성공적으로 종결되었다.

노출행위에 부정적인 속성을 조건형성시키는 시도인 혐오치료도 활용되어 왔다. 12세 노출 장애 환자의 사례에서 소년은 커다란 가슴과 엉덩이를 가진 연상의 여자들에게만 노출행동을 보였다. 이 소년의 치료 절차에는 그의 문제와 관련 있는 타입의 여자나 자기 또래의 여자아이들 사진을 보여 주는 것이 포함되어 있었다. 연상인 여자의 슬라이드 사진을 보여 준 직후에 전기충격을 주었는데, 소년이 버튼을 누르면 전기충격을 피할 수 있었으며 8초가 경과한 뒤에 자기 또래의 여자아이 사진이 나왔다. 이러한 절차의 목적은 연상의 여자라는 자극에 대해 두려움과 불안을 연합시키는 것이었으며, 동시에 어린 소녀의 사진을 불안을 이완시키는 단서로 만들어 또래 소녀에 대한 매력을 높이려는 것이었다. 이러한 절차를 사용하여 18회의 상담을 마친 뒤 환자는 더 이상 노출하고 싶은 충동을 느끼지 않는다고 보고했다.

그러나 치료를 받은 노출 장애 환자 집단과 치료를 받지 않은 노출 장애 환자 집단을 대상으로 한 보다 잘 통제된 연구에서는 혐오치료와 재조건형성 방법이 성공적이라는 발견을 하지 못했다. 대신에 인지 재구성, 스트레스 관리, 대인관계 기술 개선 등을 포함하는 다면적인 치료가 재발률을 낮추는 데 성공적이었다.

생물학적인 치료적 개입도 활용되었다. 긍정적인 결과를 보인 사례연구에 따르면, 클로미프라민clomipramine과 플루옥세틴fluoxetine의 효과가 보고되었다. 테스토스테론의 수준을 줄이고 그로 인해 성적인 흥분을 낮추는 약인 메드록시프로게스테론medroxyprogesterone에 관해 많은 연구가 이루어졌다. 이 약물들은 정기적으로 복용하면 재발률을 낮추는 데 효과적이었지만 치료가 중단되면 병이 재발되었다. 그리고 약물에는 수많은 부작용이 동반되었기 때문에 지속적으로 복용하기 어려웠다.

앞서 P에게 사용된 치료는 데이비슨Davison이 성적인 흥분을 일으키기 위해 가학적 환상을 해야만 했던 젊은 남자를 치료하면서 맨 처음 개발된 절차와 비슷했다. 이 사례에서처럼 데이비슨은 환자에게 가학적인 상상을 하면서 성적인 흥분을 일으키도록 한 후에 여자 누드 사진을 보면서 자위를 하도록 했다. 만일 흥분이 가라앉기 시작하면 다시 가학적인 상상으로 돌아가도 좋지만, 오르가슴만은 그림을 볼 때 느껴야 한다고 다짐해 두었다. 치료가 진행되면서 환자는 가학적인 상상에 점점 덜 의존하게 되었고, 나중에는 누드 사진으로 인한 자극만으로도 자위를 통해 오르가슴에 이를 수 있었다.

데이비슨의 환자처럼 P는 자신의 환상을 노출하고 비비는 행동에서 정상적인 성교로 바꿈으로써 온전히 흥분을 느끼고 오르가슴에 도달할 수 있는 훈련을 받았다. 게다가 P는 매력적인 여자가 불러일으키는 환상을 새로운 여자들로 연습하면서 바꾸게 되었는데, 처음에는 사진으로 하다가 나중에는 실제 생활하면서 그가 만나게 되는 여자들로 바꾸어 연습했다. 끝으로, 부부갈등의 해결과 부부간의 성관계를 개선시킨 것이 전체적으로 치료가 성공하는 데 기여하였다. ◆

# 성불편증 ③

1. 사례로 보는 성불편증

2. 성불편증의 진단

3. 성불편증의 유형과 특징

4. 성불편증의 원인과 치료

5. 사례로 보는 성불편증의 치료

# 1. 사례로 보는 성불편증

　자기 성에 대한 지속적인 불편감과 부적절감 때문에 자기의 원래 성 특징을 없애고 다른 성의 특징을 획득하기를 필사적으로 바라는 사람에게 성불편증이라는 진단이 내려진다. 다음 사례는 성인기에 나타나는 성불편증의 또 다른 특징들을 보여 준다.

　25세의 C는 성전환 수술을 요구하였다. C는 3년간 사회적으로 남성으로 살았고 남성으로 고용되었다. 또한 그는 지난 2년간 잘못된 결혼으로부터 도망쳐 온 양성애 여자의 동거인이자 경제적인 책임자이자 남편 역할을 해 왔다. 동거녀의 두 어린 딸은 C를 계부로 여겼고 그들은 강하게 결속되어 있었다.

　사회적으로 볼 때 C는 사춘기 때 성적인 발달이 지체되

었거나 호르몬이 부족한 것으로 추정될 수 있는 매우 남성
스럽지 못한 남자로 여겨졌다. 목소리는 낮은 음조였지만
바리톤은 아니었다. 그의 셔츠와 재킷은 부피감이 있었으
며, 견고하게 묶어서 납작해진 가슴을 잘 위장해 주었다. 바
지가 남성처럼 불룩 튀어나와 보이게 부착된 부착식 성기는
잘 만들어져서 사회적으로 필요한 경우 선 자세로 요도관으
로 쓸 수 있게 되어 있었다. C는 유방절제 수술을 받아서 여
름에 중장비 기술자로 일할 때 티셔츠만 입을 수 있게 되기
를 바랐지만 실제로 그렇게 되지는 못했다. 또한 그는 남성
의 이차적 성징을 나타나게 하고 월경을 억제하는 테스토스
테론을 처방받으려 했으나 실패하였다. C는 자궁과 난소적
출 수술을, 장기적으로는 남근성형 수술을 받기를 기대했
다. 이런 경향은 사내아이 같은 아동기를 보내고 사춘기 때
여자하고만 사랑할 수 있음을 알게 된 이후로 줄곧 그래 왔
으며, 결국 성전환 역할과 성전환 정체감으로 굳어져 갔다.

하지만 C의 이러한 노력에도 불구하고 해부학적으로나
내분비 실험 결과에서도 여성의 정상 범위에 해당하는 C는
자신의 신체에 대해 혐오감을 느끼고, 일치되지 않는 느낌
을 가지며, 계속되는 고통의 원인이라고 생각한다.

이 사례에서 C는 남자처럼 옷을 입거나 사회적으로 남자로

살아가거나 남자로서 취직하는 등 강렬하고도 지속적인 반대 성에 대한 동일시를 보인다. 대부분의 사례에서처럼 신체적 인 간성間性이나 유전적인 이상을 보이는 어떠한 근거도 없다. 진단기준에 비추면 C는 현재 나이를 나타내 주는 성인 유형이 며, 성적인 취향에서 우세한 경험으로 보아 성불편증으로 진 단을 내릴 수 있다.

신체적으로 자신의 성을 변화시키고자 하는 욕구를 느끼는 성인이전에는 성전환증이라고 불렀다은 비록 완전한 증상의 시작이 (C처럼) 사춘기 말기나 성인 초기에 가장 흔히 나타나지만, 대 개는 예외 없이 아동기에 성정체감의 문제가 시작되었다는 보 고를 한다.

> 8세인 E는 여자아이가 되고 싶다는 이유로 부모에 의해
> 병원에 오게 되었다. 환자의 주된 놀이친구는 소년의 여동
> 생이다. 소년의 부모는 다른 사내아이들과 놀게 하려 했지
> 만 E는 여자아이들과 놀거나 엄마나 여자 보모와 놀기를 더
> 좋아했다. E는 또래 아이들의 평균 신장보다 크고 덩치도
> 좋았지만 사내아이의 거친 놀이나 신체적인 싸움에 끼는 것
> 을 싫어했다. E는 집에서 소꿉놀이를 많이 하였고, 그럴 때
> 는 예외 없이 여자 역할을 하였다.
>
> 집에서 여동생과 놀 때면, E는 엄마나 큰언니 역할을 했

고, 남자 역할은 여동생에게 주었다. E는 TV 여주인공 흉내
내기를 좋아했으며, 동화책에 나오는 여주인공의 역할도 좋
아했다.

E는 장난감 차, 트럭, 기차 같은 것에 흥미를 보인 적이
없으며, 인형을 가지고 노는 데 열심이었고, 부엌놀이 장난
감을 가지고 노는 것을 좋아했다. E는 또한 결혼, 임신, 여
자 선생님, 여의사 놀이를 좋아하였다. 그림 그리기를 좋아
했으며, 여자 그림을 그리는 데 매우 관심이 많았다. E의 부
모는 E가 그런 행동들을 못하게 말렸지만, E는 여자 옷 입
기를 자주 했다. 이따금 E는 침대보나 타올을 허리에 걸치
고 스커트로 삼거나 티셔츠나 나이트가운을 드레스로 삼았
다. E는 나비 리본을 하거나 긴 머리를 흉내 내기 위해서 속
치마나 면사포를 사용하기도 했다. E는 드레스를 입고 춤추
는 것도 좋아했다. E는 보석에 관심이 많았고 플라스틱으로
된 목걸이를 가지고 있었으며, 때로는 귀걸이를 찬 것처럼
행동했다. 또한 입술 크림으로 립스틱을 바르는 흉내를 냈
고, 진짜 립스틱 바르기도 했으며, 엄마가 내버려 두면 향수
를 뿌리기도 했다. E는 자신이 불행하다고 느낄 때면 유치원
에 들어갈 때라든지 여동생과 경쟁한다고 느낄 때면 언제나 "나는 여
자가 되고 싶어요."라고 말했다.

신체검사에서 E는 정상적인 남성 생식기를 가진 것으로

확인되었다. E의 지적 발달도 분명히 정상이었다. 비록 말하기를 싫어했지만, E는 자신의 부모가 장난감이나 놀이의 선호에 대해 가지고 있는 생각에 대해 많은 것을 기술할 수 있었다. E는 자신이 사내아이가 되면 다른 사내아이들과 군대놀이나 군인놀이를 해야 하는 것이 무섭기 때문에 남자가 되고 싶지 않다고 했다. E는 요정이 자기를 여자아이로 바꾸어 놓을 수 있기를 바랐다. 여자아이가 되면 드레스를 입고, 긴 머리를 하고, 보석을 찰 수 있을 거라고 했다. 소년의 그림은 전부 여자 그림이었다.

가족사, 임신, 출산 그리고 초기 발달 모두 정상이었고 부모 역시 어떠한 외현적인 정신병리도 보이지 않았다. E의 문제는 E가 2세 때 여동생이 태어나면서 시작된 것으로 보인다. 여동생이 태어나고 4달 동안 여동생은 소화 계통에 문제가 있었고 부모의 많은 관심과 보살핌을 받아야 했다. 그때부터 E는 명백한 퇴행의 징후를 보이기 시작하여 아기처럼 행동하고, 젖병으로 먹으려 했으며, 안아 달라고 했다. E의 엄마는 어느 정도 양보했다.

E의 부모와 보모는 비록 여동생이 태어나기 전에도 E가 이미 머리에 타월을 쓰고 긴 머리 흉내를 내는 경우가 몇 번 있었지만, 여자 옷을 입으려는 것과 여자아이가 되기를 바라는 행동이 생긴 이유를 E가 4세였을 당시로 거슬러 가서

생각해 볼 수 있다고 보았다. E가 4세였을 때 여동생 이 인
형을 갖고 있었는데 E는 여동생으로부터 인형을 빼앗았다.
그 당시 E는 여동생과 함께 할아버지 댁에서 휴가를 보냈는
데, 여동생이 자기보다 더 관심을 받아서 "왜 나는 여자아
이가 될 수 없지? 왜 신은 나를 여자아이로 만들지 않았지?
여자들은 화장도 할 수 있고 예쁜 것도 많이 할 수 있는데."
라며 불평했다고 하였다.

3세 이후로 E는 줄곧 유아원에 등록되었는데 처음에는
상당한 분리불안을 보였다. E는 다른 아이들보다 민감해 보
였고, 늘 다른 아이들에게 위협당한다고 느끼는 것처럼 보
였으며, 혼자 힘으로 일어서려 하지 않았다. E의 교사는 처
음부터 E가 자주 분장을 하며, 커서 엄마가 되기를 원한다
고 말하고, 활동적인 놀이에 참여하기를 싫어한다고 기록했
다. 3학년 때 선생님은 E가 인형놀이에 너무 집착하자 인형
코너를 폐쇄하였다.

사례에 나오는 E는 강렬하고 지속적으로 자기를 여성으로
동일시하고 있다. E는 여자아이가 되고 싶다고 자주 말했는
데, 이것은 단지 여자 역할을 하고 싶다는 것이 아니었다. E는
여자아이들과 놀기를 좋아하고, 여자인 체 행동하고, 자주 옷
을 바꿔 입으면서 여성의 고정관념적인 행동에 빠졌다. E는

책이나 TV에 나오는 인물을 흉내 낼 때면 항상 여자 등장인물을 선택했다. 또한 자신이 사내아이라는 데에 대한 지속적인 불편감을 보인다는 증거도 있었다. 소년은 고정관념적으로 남자아이들의 장난감을 가지고 놀기를 거부했으며, 거친 놀이에 대한 혐오감을 보였다.

E의 행동은 성불편증의 특징에 해당된다. 이러한 장애가 여자에게 진단될 경우에는 여자가 되고 싶지 않아서 남자가 되기를 바라는 욕구가 단지 남자와 관련된 문화적인 이득 얻고자 하는 욕구인지 구분할 필요가 있다. 또 다른 사례를 살펴보자.

영국 콜롬비아 출신인 16세의 캐나다 소녀 K는 가정의家庭醫의 제안과 부모의 동의와 참석하에 성정체감 클리닉에 의뢰되었다. 그녀의 어머니에 따르면, K는 성性을 바꾸기를 원하며, 필사적으로 남자아이가 되고 싶어 한다고 한다. K 역시 자신이 '2세 때부터 줄곧' 남자가 되고 싶었다고 한다. 클리닉에 의뢰된 것은 또 다른 소녀 Y와의 관계 때문이다. Y는 지난 몇 달 동안 K의 가족과 함께 살았다. K의 엄마는 소녀들의 관계가 성적인 것 같아서 신경이 곤두섰다.

"걔들은 항상 다리를 서로 꼬고 있고, 팔을 서로의 어깨에 두르고 있어요. 한번은 지저분한 책을 보면서 가슴을 드러내 놓고 발가벗은 채 누워 있기도 했어요."

사춘기가 된 이후로 K는 자기가 여자라는 데 대해 극도의 불편감을 드러내는 많은 증상을 계속해서 보여 왔다. K는 생리주기를 '끔직하게' 여겼고, 브래지어를 싫어했다. K는 남자가 되고 싶고 남자의 성기를 갖고 싶다고 줄곧 이야기해 왔다. 지난해, K는 성전환 수술이 가능하다는 것을 알았다. 그 수술에는 유방적출, 내부 생식기관의 제거, 호르몬의 투여와 같은 절차가 포함되어 있었으며, 외과적으로 남성의 성기를 가질 수 있는지에 대해서는 확실히 알지 못했다.

K는 남자가 되고 싶다는 생각이 왜 자신에게 그토록 중요한지, 그리고 왜 자신은 소녀로 남아서 인생의 목표를 추구할 수 없는 것인지에 대해 질문을 받았다. K는 현재 남자가 되고 싶은 유일한 이유는 전국 하키리그에 출전하고 싶기 때문이라고 했다. K는 몇 달 전에 마이너리그팀에서 뛰지 않겠냐는 제안을 받은 적이 있다고 했다. 그녀는 만일 자기가 성기를 가지고 있다면 팀에 합류할 수 있는 더 좋은 조건을 가지는 것이라 생각했다.

K의 외모는 중성적인 이미지로 머리는 짧았고 옷은 캐주얼하게 청바지를 입었으며 화장을 하지 않았다. 그러나 한쪽에 귀걸이를 했다. K는 다른 사람들이 자기를 남자로 볼

지 여자로 볼지에 대해서 개의치 않았으며 '인간'으로 보아
주기를 바란다고 말했다. 하지만 K는 사람들이 자기를 남자
로 보기를 바랐으며, 사람들이 자기가 남자인지 여자인지
묻지 않기를 바라는 것이 분명해 보였다.

K는 7학년을 마친 후 학교를 그만두었다. 그녀는 군인이
되기 위한 훈련을 받는 청년집단에 속해 있었다. 비록 그녀
는 다른 사람들에게 여자로 알려졌지만 그들이 자기를 동지
로 여기고 다른 남자들과 똑같이 대한다는 데 대해 매우 즐
거워했다. 그녀는 사관후보생 동료들을 마구 부리면서 커다
란 즐거움을 맛보았는데, 팔굽혀펴기를 500번 하라고 요구
하면서 "심술맞게 굴면 그들은 나를 미워할 거야."라며 좋
아했다. K는 기관단총 사용에 대해 매우 자세하게 이야기했
고, 여러 해 동안 무기 사용법을 익혔다고 했다. 그녀는 유
혈이 낭자한 것과 위험하게 사는 것에 끌리며, 전쟁을 한다
는 생각 역시 그녀를 사로잡는다고 했다.

K의 엄마는 K가 포르노 잡지를 보면서 그녀의 성을 발견
하게 하기 위해 흥분이 될 만한 문단이나 내면에 이상한 감
정이 콕콕 찌르는 걸 느낄 수 있을 만한 문단에 밑줄을 그어
놓았다. 그런 감정을 불러일으키는 문단은 여자들끼리 사랑
을 나누는 것과 관계된 것이었다. K는 남자가 자기를 흥분
시키는지 여자가 자기를 흥분시키는지 확실하지 않다고 했

다. K는 '콕콕 찌르는 느낌'이 들기 시작하면 언제나 조깅을 했고, "자위는 나쁜 거예요."라며 자위 경험을 부인했다.

그녀는 꿈이나 환상에서 성적인 이미지를 경험해 본 적이 없으며, 한 번도 다른 사람과 성적인 경험을 가진 적이 없고, 결혼하고 싶은 욕구도 느끼지 못한다고 했다. 레즈비언에 대한 생각을 묻자 "그건 그 사람들 인생이에요." 하면서 동성애 문화에 대해 더 알고 싶지 않다고 했다.

신체검사장에서 K는 다리의 털을 깎지 않은 데 대해 양해를 구했다. 내분비 계통의 검사 결과, 그녀의 성염색체는 XX였고, 테스토스테론의 수치에서도 아무런 이상을 발견하지 못했으며, 신체적으로 자웅동성임을 보이는 어떠한 징후도 발견되지 않았다.

K는 강렬하고도 지속적인 남자와의 동일시를 보였는데, 이는 단지 남자가 받는 문화적인 이득을 얻고자 하는 욕구 이상의 것이다. 그녀는 남자가 되고 싶은 지속적인 욕구를 가지고 있고 성전환수술도 고려하고 있다. 그녀는 남자로 살고 남자로 대접받고자 하는 일정한 욕구를 가졌을 뿐만 아니라 자기가 여자라는 데 대해 지속적인 불편감을 보였다. 이러한 모든 특징은 성불편증에 해당된다. ◆

# 2. 성불편증의 진단

성불편증이란 자신의 생물학적 성과 성적 역할에 대해 지속적으로 불편을 느끼는 경우를 말한다. 그래서 대개 다른 성이 되기 위해 성전환 수술을 하거나 호르몬 치료를 원한다. ICD-10에서는 성전환증transsexualism과 이중역할 복장도착증 dual-role transvestism, 소아기 심리성적 정체성 장애gender identity disorder of childhood, 기타 심리성적 정체성 장애 등으로 분류한다. DSM-IV에서는 소아기 심리성적 정체성 장애, 청소년 및 성인 심리성적 정체성 장애 및 기타 심리성적 정체성 장애로 구분한다. DSM-5에서는 성불편증이라는 용어를 사용한다. 이 용어는 자신의 경험된 또는 표현된 성과 부여된 성 사이에 불일치를 동반할 수도 있는 고통을 의미한다. 모든 개인이 이런 불일치의 결과로 고통을 경험하는 것은 아니지만, 호르몬 및 수술에 의해 바라던 신체적 개입이 불가능하다면, 이로 인한 지속적인 고통을 겪을 수 있다. 현재 용어는 이전 DSM-IV 용어인 성정체감 장애보다 더 기술적이고, 정체감 그 자체가 아니라 임상적 문제로 불편증에 초점을 맞춘다.

 **성불편증 진단기준** (DSM-5; APA, 2013)

**아동의 성불편증**

A. 개인의 경험된/표현된 성과 부여된 성 사이의 현저한 불일치로, 다음 중 최소한 6개준거기준 A1은 무조건 있어야 한다를 최소 6개월 이상 나타낸다.

1. 반대 성이 되기를 강하게 원하거나 자신이 반대 성또는 자신의 부여된 성과 다른 몇몇 대안적인 성별이라고 주장한다.

2. 소년부여된 성의 경우 여성의 옷 입기를 선호하거나 여성 복장의 흉내 내기를 좋아하지만, 소녀부여된 성의 경우 전형적인 남성 복장 입기를 선호하고 전형적인 여성 복장 입기를 강하게 거부한다.

3. 놀이에서 반대 성의 역할을 강하게 선호한다.

4. 다른 성에게 흔히 사용되거나 다른 성과 연관된 장난감, 게임, 활동을 강하게 선호한다.

5. 반대 성의 놀이 상대가 되는 것을 강하게 선호한다.

6. 소년부여된 성의 경우 전형적인 남성적 장난감, 게임 그리고 활동을 강하게 거부하고 저돌적인 놀이를 강하게 회피하지만, 소녀부여된 성의 경우 전형적인 여성적 장난감, 게임, 그리고 활동을 강하게 거부한다.

7. 자신의 성적인 신체구조에 대해 강한 혐오감을 나타낸다.

8. 자신의 경험된 성과 어울리는 일차적 그리고/또는 이차적 성 특성에 대한 강한 선호를 보인다.

B. 이 상태가 임상적으로 중요한 고통 또는 사회, 학교 또는 다른 중요한 기능 영역에서의 장애와 연관된다.

## 세분할 것

• 성 발달 장애를 지닐 때 예: 255.2[E25.0]선천적인 부신 증식congenital adrenal hyperplasia 또는 259.50[E34.50]안드로겐 둔감 증후군androgen insensitivity syndrome 같은 선천적인 부신성 장애

**부호화 주의:** 성불편증뿐만 아니라 성 발달 장애도 부호화한다.

## 청소년 및 성인의 성불편증

A. 자신의 경험된/표현된 성과 부여된 성 사이의 현저한 불일치로, 다음 중 최소한 2개를 최소 6개월 이상 나타낸다.

1. 자신의 경험된/표현된 성과 일차적 그리고/또는 이차적 성 특성 간의 현저한 불일치또는 청소년기 초기에, 기대된 이차적 성 특성를 나타낸다.

2. 자신의 경험된/표현된 성과의 현저한 불일치 때문에 자신의 일차적 그리고/또는 이차적 성 특성을 제거하려는 강한 욕구또는 청소년기 초기에, 기대된 이차적 성 특성의 발달을 예방하려는 욕구를 지닌다.

3. 반대 성의 일차적 그리고/또는 이차적 성 특성에 대한 강한 욕구를 지닌다.

4. 다른 성또는 자신의 부여된 성과 다른 대안적인 성별이 되고자 하는 강한 욕구를 지닌다.

5. 반대 성또는 자신의 부여된 성과 다른 대안적인 성별으로 대우받
고자 하는 강한 욕구를 지닌다.

6. 자신이 반대 성또는 자신의 부여된 성과 다른 대안적인 성별의 전
형적 감정과 반응을 지니고 있다는 강한 신념을 지닌다.

B. 이 상태가 임상적으로 중요한 고통 또는 사회적, 직업적
또는 다른 중요한 기능 영역에서의 장애와 연관된다.

## 세분할 것

• 성 발달 장애를 지닐 때 예: 255.2[E25.0]선천적인 부신 증식congenital
adrenal hyperplasia 또는 259.50[E34.50]안드로겐 둔감 증후군androgen
insensitivity syndrome 같은 선천적인 부신성 장애
**부호화 주의**: 성불편증뿐만 아니라 성 발달 장애도 부호화한다.

## 세분할 것

• 전환 후: 개인은 원하는 성으로성 변환의 합법화 유무에 상관없이
계속 살아가도록 성전환을 했고 최소 하나의 교차 성cross-
sex 의학적 절차 또는 치료 처방, 즉 정기적인 교차 성 호르
몬 치료 또는 원하는 성별로의 전환 수술을 받았다또는 받을
준비 중이다, 예: 출생 성이 남성인 사람에게 음경 절제술 및 질 성형술, 출
생 성이 여성인 사람에게 유방절제술 또는 음경성형술

　기존의 DSM-IV에서는 소아의 경우를 기초하여 설명하였고, 성에 대해 불쾌하거나 부적절한 느낌을 소년, 소녀, 청소년과 성인으로 나누어 설명하였다. DSM-5에서는 성불편증의 진단기준을 아동기와 청소년 및 성인기로 나누어 설명하며, 아동의 경우 DSM-IV에 기존 5가지4가지 이상 항목기준에서 8가지6가지 이상의 양상으로 더욱 구체적인 기준을 제시한다. 추가된 기준은 다음의 표와 같다.

 **DSM-5에서 달라진 진단 및 평가**

아동의 성불편증

6. 소년부여된 성의 경우 전형적인 남성적 장난감, 게임 그리고 활동을 강하게 거부하고 저돌적인 놀이를 강하게 회피하지만, 소녀부여된 성의 경우 전형적인 여성적 장난감, 게임 그리고 활동을 강하게 거부한다.
7. 자신의 성적인 신체구조에 대해 강한 혐오감을 나타낸다.
8. 자신의 경험된 성과 어울리는 일차적 그리고/또는 이차적 성 특성에 대한 강한 선호를 보인다.

　또한 청소년 및 성인기에 해당하는 진단기준에서는 6가지 중 2가지 이상에 해당하는지 확인하는 기준을 제시하였다. 성 발달 장애를 지니고 있는지 세분하였고, 성 전환 수술을 하였는지도 세분화하도록 하였다.

　성불편증의 진단을 내리기 위해 필수적으로 요구되는 2가지 요소가 있다. 우선, 반대의 성에 대한 강하고 지속적인 동일시, 즉 반대의 성이 되기를 소망한다는 증거가 있거나, 개인이 다른 성의 일원이라고 주장하는 증거가 있어야 한다. 이와 같은 반대 성에 대한 동일시는 반대 성이 된다면 얻게 될 문화적 이득을 단순히 갈망하는 정도여서는 안 된다. 두 번째로 요구되는 조건으로는 자신에게 부여된 성에 대해 지속적으로 불편을 느끼거나 성역할에 대한 부적절감을 느끼는 증거가 있어야 한다.

　남아인 경우, 전통적인 여성적 행위를 좋아한다. 이러한 남아들은 소녀의 옷이나 여성의 의류를 좋아하고 실물을 구할 수 없을 때는 이용 가능한 물건으로 여성적인 분위기를 나타낸다. 수건, 앞치마, 스카프가 긴 머리나 치마를 표현하는 데 이용되고 여성적 게임과 여아들의 유희에 강한 호기심을 나타낸다. 이들은 특히 소꿉장난을 즐기고 예쁜 소녀나 공주를 그리며 마음에 드는 여주인공이 등장하는 비디오나 텔레비전을 즐겨 본다. 바비인형 같은 전형적인 여성형 인형을 좋아하고 소꿉친구로 여아를 선호한다. 집놀이를 할 때면 거의 대부분 여자 특히 어머니 역할을 하고 가끔 환상적인 여성적 자태에 집착한다. 거친 놀이나 다투는 운동은 피하고 장난감 차나 트

력에 관심이 적다. 또한 여자가 되기를 원하고 자라서 여자가
될 것이라고 확신하며, 앉아서 소변을 보며 남근을 다리 사이
에 감추고 남근이 없는 체하기도 한다. 드물게는 남근이나 고
환을 혐오하여 제거하기를 원하거나 여성의 성기를 갖기 원
한다.

여아의 경우, 자신에게 여자 옷을 입히거나 여성적인 차림
새를 갖추게 하려는 부모의 기대나 시도에 강한 부정적 반응
을 보인다. 여자 복장을 해야 하는 학교나 사회적 활동에 참여
하는 것도 꺼린다. 남자 옷이나 짧은 머리를 좋아하고 남자 이
름으로 불리기를 원한다. 상상 속의 영웅은 배트맨이나 슈퍼
맨 같이 대부분 힘이 센 남자의 모습이다. 놀이친구로는 남자
아이를 선호하고 신체적 접촉을 필요로 하는 운동이나 거친
놀이 등 전통적인 남자들의 놀이에 관심이 많다. 인형이나 여
자 옷에는 관심이 적고, 앉아서 소변보는 것을 거부하며, 자신
이 남근을 가지고 있거나 남근이 자라날 것이라고 주장하고,
유방이 커지거나 월경이 있으리라는 사실을 받아들이지 않는
다. 또한 자라서 남자가 될 것이라고 확신하며 역할, 꿈, 상상
에서 뚜렷한 반대 성에 대한 동일시를 나타낸다.

성인의 경우, 반대 성의 구성원으로 살기를 원하고, 이러한
소망에 매우 집착한다. 이런 집착은 반대 성의 사회적 역할을
받아들이려는 강한 욕구로 표현되거나, 호르몬 또는 외과적

수술에 의해 반대 성의 육체적 모습을 갖추려는 강한 소망으로 표현된다. 이 장애를 가진 성인들은 자신에게 부여된 성적 존재로서 남에게 지각되고, 사회에서 그러한 성역할을 해야 하며, 그러한 성의 구성원으로 살아가는 것을 불편해한다. 그들은 다양한 정도로 반대 성의 행동, 옷 입는 것, 예절 등을 배운다. 이러한 개인들은 남모르게 옷을 바꿔 입거나 반대 성의 모습을 갖추고자 많은 시간을 소비한다. 사회생활에서도 반대 성으로 지내려고 노력한다.

이 장애를 가진 사람들은 대부분 옷 바꿔 입기나 호르몬 치료남성의 경우 전기분해 요법를 통해 반대 성으로 전환된다고 확신한다. 동성애적 성행위는 상대가 자기의 성기를 보지도 않고 만지지도 않을 것이라는 생각 때문에 일반적으로 제한되어 있다. 남성들 가운데 일부는 나중에흔히 결혼 후에 여성과의 성행위에서 자신이 동성연애자가 된다거나 상대가 남자이고 자신은 여자라는 공상을 한다.

사춘기에서의 임상 양상은 아동이나 성인이나 유사하지만 개인의 성장발달 단계에 따라 달라지므로, 이에 따라 진단기준이 적용되어야 한다. 초기 사춘기에는 사춘기의 경계적 태도 때문에 정확히 진단하기 어렵다. 이런 태도는 반대 성과의 동일시에 대해 그 자신이 양가적이거나 가족들이 받아들이지 않는다고 느낄 때 더욱 증가된다. 이런 청소년들은 부모나 교사에 의한 사회적 고립이나 동년배의 괴롭힘과 배척에 대한 염려감 때문에 정신과 의사에게 보내지기도 한다. 이때 옷 입은 모양이나 행동에서 확실히 심각한 반대 성과의 동일시<sub>예: 남자가 다리의 털을 깎는 것</sub>에 빠져 있는 경우에는 진단이 고려되어야 한다. 아동과 청소년의 경우에는 진단을 내리기까지 상당한 기간의 관찰이 요구된다.

성불편증이 있는 사람들의 고통이나 기능 장해는 생활주기에 따라 다르게 나타난다. 아동 초기에는 자신에게 부여된 성에 대한 불행감으로 나타나며 반대의 성이 되고자 하는 소망이 일상적인 활동을 방해한다. 아동 후기에는 나이에 적절한 동성 또래와의 관계 및 사회적 기술의 실패로 인해 고립과 고통을 겪게 되고, 어떤 아동은 이미 결정된 성에 맞는 옷차림을 해야 한다는 고통과 압력으로 학교 가기를 거부한다. 사춘기와 성인기에서는 반대의 성이 되고자 하는 욕구가 일상생활을 방해하고 대인관계나 학교나 직장에서의 기능에 장해를 초래한다. ❖

# 3. 성불편증의 유형과 특징

## 1) 발달단계별 성불편증

### (1) 아동기

아동들도 자신의 해부학적 성에 대한 불편과 부적합한 느낌을 지속적으로 가질 수 있다.

여아의 경우, 남자가 되고 싶어 하고 자신이 남자라고 우기며 남자 옷을 입고 남자아이들의 놀이를 하고 남자아이들과 어울린다. 음경이 자랄 것이라든가 음경을 가졌다고 생각하기도 하고, 서서 소변을 보려고 하며, 유방이나 월경을 거부한다.

남아의 경우, 여자가 되고 싶어 하고 자신이 여자라고 우기며 여자 옷을 입고 여자아이들의 놀이를 한다. 심지어 여자가 될 것이라고 믿고 음경이나 고환을 거부한다. 이들은 종종 아이들로부터 놀림당하기 싫어 학교가기를 거부한다. 합병증으로 동성애 또는 소수에게는 성불편증으로 발전될 수도 있다.

DSM-5에서 성불편증에 대한 치료에는 기본적으로 행동수정behavior modification이 사용되며, 아동기 성불편증에 대해서는 부모상담과 놀이치료 등 역동적 방법을 쓰기도 한다.

## (2) 청소년 및 성인기

이는 아동기에서와 같이 청소년이나 성인이 자신의 주어진 성에 대해 지속적 불편을 느끼는 것이다. 그 증상은 다른 성의 역할을 하며 다른 성의 옷을 입거나 그런 공상을 하는 것이다. 그러나 성적 흥분을 목적으로 옷을 바꾸어 입지 않는다는 점에서 의상전환 장애와 구분된다.

이들은 해부학적으로는 정상이지만 정작 환자 자신은 해부학적 성에 부적합함과 불편을 느끼고 다른 성이 되기를 원한다. 심지어 남자의 경우 자신의 생식기를 떼어 버리거나 여성호르몬을 사용하여 유방을 크게 하고 털을 없앤다. 여성의 경우 유방 제거, 자궁 제거를 시행하고 남성호르몬을 사용하는 등 이차적 성징들을 제거하길 원하고 반대의 성으로 생활하기를 바란다. 따라서 성전환 수술을 요구한다. 이들은 사회적 및 직업적 기능장애가 심하고 우울증이나 자살기도를 하기도 하며, 남성의 경우 생식기를 절단하는 행위 등이 있을 수 있다.

이들은 남자에게 매력을 느끼는 유형, 여자에게 매력을 느끼는 유형, 양쪽 모두에 매력을 느끼는 유형, 어느 쪽에도 매력을 느끼지 않는 유형 등으로 구분된다. 또한 자신들이 같은 성에 매력을 느껴도 자신이 상대편 성에 속해 있다고 보기 때문에 동성애가 아니라고 믿는다.

어릴 때 심리성적 정체성 장애가 있어도 이와 같은 장애가 최소한 2년 이상 계속되며 사춘기 이후일 때여야 진단 내린다. 따라서 다른 정신질환에 의한 망상이 아닌지 잘 감별해야 한다.

성전환 수술을 요구하는 환자는 DSM-III-R에서는 성전환증transsexualism이라고 불렀으나 DSM-IV에서는 이 명칭을 없앴다. 그러나 ICD-10에는 성전환증 명칭이 남아 있다.

## 2) 성불편증의 부수적 특징

성불편증이 있는 대부분의 사람은 사회적으로 고립되어 있다. 고립과 배척감은 자존심을 저하시키고 학교를 혐오하게 만든다. 동년배의 괴롭힘 역시 아동에게서 보는 흔한 후유증이다. 남아는 가끔 뚜렷한 여성적 태도와 대화방식을 보인다.

이 장애로 인한 장해는 매우 광범위하여 일부 개인의 생활은 이 장애로 인한 고통을 줄여 주는 활동으로 제한된다. 흔히 이들은 외모에 집착하는데, 특히 반대 성의 역할을 수행하는 전환기 초기에 그러하다. 양쪽 부모나 한쪽 부모와의 관계 역시 심각하게 손상되어 있다. 성불편증이 있는 일부 남성은 호르몬으로 자가치료를 하며, 드물게는 거세하거나 음경절제술을 시행한다. 특히 도시 지역에서 일부 남성은 매춘 행위에 참여하여 에이즈에 걸릴 위험성이 증가된다. 또한 자살시도와 약물관련 장애가 흔히 동반된다.

아동에서는 분리불안, 범불안장애, 우울 증상이 동반되기도 하고, 사춘기에는 특히 우울증, 자살하려는 생각 및 자살기도의 위험이 높다. 성인기에는 불안, 우울 증상이 존재한다. 성인 남자의 경우 의상전환 장애 및 다른 성적 도착 장애의 과거력이 존재하기도 한다. 한 연구에 의하면 동반되는 성격장애는 남자에게 보다 흔히 나타난다고 한다.

성불편증을 보이는 사람들은 대부분 정상적인 성기를 가지고 있다이에 비해 신체적으로 양성의 조건을 갖춘 경우에는 모호한 성기나 성교기능 저하증이 발견된다. 성인 남자는 호르몬 복용으로 유방 비대를 보이기도 하며, 일시적 또는 영구적인 체모 제거로 털의 소실을 보이고, 코 성형술 또는 갑상연골의 수술적 제거와 같은 처치로 신체적 변화를 보이기도 한다. 성인 여성의 경우, 유방 고정대를 착용하여 변형된 유방 또는 유방발진이 보이기도 한다.

생물학적 수술 후 합병증은 여성의 경우 뚜렷한 흉벽 흉터가 보이고, 남성의 경우 질 유착, 직장-질간 누공, 요도 협착, 뇨 흐름의 변화 등이 있다. 성불편증을 가진 성인 여성은 기대되는 수준보다 다혈 난포성 난소질환이 더 높게 나타난다.

성불편증을 보이는 여성은 적어도 사춘기까지는 반대의 성에 대한 관심으로 인한 비난<sub>추방</sub>을 더 적게 경험하고 동년배로부터의 배척도 더 적다. 아동 진료소에서 이 장애의 남녀비는 5:1 정도로 남아에게서 더 흔하게 보이며, 성인 진료소에서는 남자가 여자보다 2~3배 많다. 아동의 경우 남아에게 더 흔하게 보이는 것은 반대 성의 행동이 소년들에서 보일 경우 더 심한 오명의 대상이 되므로 전문가에게 자주 의뢰되기 때문이다.

## 3) 기타 성불편증

### (1) 달리 분류되지 않는 성불편증

이 범주는 특정한 성불편증으로 분류될 수 없는 성불편증을 부호화하기 위한 것이다. 예를 들면, 양성 상태<sub>예: 안드로겐 불감성 증후군 또는 선천성 아드레날린 과식증</sub> 및 이에 동반되는 성적 불쾌감을 갖는 것, 일시적인 스트레스와 연관되는 옷 바꿔 입기 행동, 반대 성의 성징을 획득하기 위해 소망 없이 거세 또는 음경 제거에 지속적으로 집착하는 것 등이 있다.

양성적 장애Intersexual Disorders는 신체적으로나 생리적으로 다른 성의 특징을 가짐으로 생기는 여러 가지 종류의 장애가 여기에 해당하며, 터너 증후군, 클라인펠러 증후군 등이 있다. 부신 호르몬성 이상 생식기 증후군adrenogenital syndrome은 산전 태아 시에 안드로겐의 과잉작용을 받아 생기는 것이다. 이는 여성이지만 성기 형태가 남성으로 보이기도 하고 여성으로 보이기도 하여 양육과정에서 심리성적 정체성 장애가 생길 수 있다. 가성반음양증pseudohermaphroditism도 성기 형태가 모호하여 정체성 장애가 생긴다. 안드로겐 불감성 증후군Androgen insensitivity syndrome도 남성이지만 태아 시 안드로겐 영향이 부족하여 여성처럼 보이며 환자도 자신이 여성처럼 느끼는 상태다.

이성 복장cross-dressing transvestism이란, 스트레스와 관련하여 일시적으로 다른 성의 옷을 입는 것으로 심리성적 정체성 장애의 하나다. 스트레스가 원인이 아닐 때는 의상전환 장애에 해당된다. 이들은 심리성적 정체성 장애와 달리 자신의 일차·이차 성징을 제거하기를 바라지 않으며, 성전환 수술을 원하지는 않는다. 이 유형은 성적가학 장애, 성적피학 장애, 아동성애 장애 등 성도착 장애 환자에서 발견되기도 한다. 동성애자 중에 이성 복장을 하는 사람도 있다.

거세에 대한 집착preoccupation with castration 유형은 다른 성의

성징을 원하지 않으면서 거세나 성기 절단에 대해 몰두하고 집착한다. 이들은 자신의 성에 대해 불편을 느끼고 다른 성으로 살면 어떻게 될까 하는 환상 속에서 살며, 대개 남자건 여자건 성에 대한 흥미가 없다.

### (2) 달리 분류되지 않는 성적 장애

이 범주에는 어떤 특정한 성적 장애의 진단기준을 충족시키지 않는 성문제가 포함되며, 이는 성기능 부전이나 성도착 장애는 아니다. 예를 들면, 남성다움 또는 여성다움에 대해 자신이 부여한 기준에 비추어 볼 때 자신의 성적 기능 수행이나 기타 특성이 부적절하다는 느낌, 성적 파트너를 단순히 이용물로만 여기면서 끊임없이 대상을 바꿔 가는 반복적인 성관계에 관련된 고통, 성적 지남력에 대한 지속적이고 현저한 고통 등을 포함한다.

### (3) 동성애

동성애는 같은 성의 사람과의 관계에서 모든 성적 만족을 얻는 것이다. 여기에는 다양한 형태가 있으며 전적으로 동성애만을 추구하거나 이성애heterosexuality를 겸하기도 하고 이성애의 사람이 일시적으로 동성애적 경험을 할 수도 있다. 여성의 경우는 레즈비언이라 부른다.

호모공포증Homophobia은 동성애를 부정적으로 보거나 동성
애에 대해 공포를 가지는 것을 말한다. 동성애자는 자신의 해
부학적 성에 불만이 없고 성불편증의 증상들도 없다. 잠재성
동성애latent homosexuality는 성격에 동성애 경향이 있고 동성애
행위에 대한 공상들이 있으나 겉으로 드러나지 않는다.

1973년 미국정신의학회에서는 다수의 동성애자가 사회적
으로 문제없이 활동하고 있어 동성애를 병으로 보지 않게 되
었고 DSM에서 이를 삭제하였다. 이를 병적으로 보기보다 또
다른 형태의 삶의 방식으로 보는 것이다. 단지 초자아와 동성
애적 욕구 사이에 갈등이 있을 때, 또는 자신의 동성애 경향에
대하여 불안, 우울, 죄의식, 자기증오, 수치, 기타 적응문제가
있을 때 이를 한때 자아이질적 동성애ego-dystonic homosexuality라
하고 비로소 하나의 정신질환으로 간주하는 경향이 있었으나,
현재는 이마저도 적응장애나 우울증으로 고려하고 있다.

1993년 미국의 통계에서 남성동성애의 평생 경험률은 2%,
1년 경험률은 1%라고 보고하고 있다. 기타 구미 각국의 보고에
서 남자동성애의 평생 경험률은 1~6%, 여성의 경우는 1~3%
다. 이에 비추어볼 때 전적인 동성애는 약 1%로 보는 것이 타당
한 것 같다. 이들은 동성애적 느낌을 초기 사춘기 때부터 가졌
었다고 보고하고 있으나 실제 동성애의 성적 경험을 한 남자
19%, 여자 56%는 동성애 경험 전에 이성적 경험이 있다고 한다.

동성애의 원인으로 남자의 경우는 어릴 때주로 남근기 어머니
와의 과도한 애착, 아버지의 부재, 부모에 의해 사내다운 성격
발달의 억제, 성장기 동안 자기애 단계로의 퇴행 또는 고착,
형제자매와의 경쟁에서 패배 등이 발견된다. 여성의 경우에는
아버지와의 밀접한 관계가 발견되지만 연구된 것은 적다. 프
로이트는 거세공포와 남근선망을 그 원인으로 보았다. 그 밖
에도 일란성 쌍둥이에서 일치율이 높다는 유전적 연구와 안드
로겐이 남자 동성애자에게서 낮다는 성호르몬 이상의 생물학
적 원인도 추구되고 있다.

동성애에 있어서 성적 반응은 해부학적 곤란에도 불구하고
이성간 행위에서와 유사하며, 지속적으로 동거생활을 유지하
기도 한다. 남성 동성애자는 보통 여성 동성애자보다 문란한
경향이 있다. 그러나 최근에 에이즈에 대한 두려움 때문에 감
소하고 있다고 한다.

치료에는 정신치료, 행동치료, 특히 동성애적 장면을 보이면
서 전기자극으로 고통을 주는 회피조건형성avoidance conditioning
등이 사용된다. 일반적으로 환자가 젊을 때, 이성에게 성적 흥
분을 느낀 적이 있을 때, 여성다움이 적을 때, 치료 동기가 강
할 때 예후가 좋다. 자아이질성 동성애에 대해서는 동성애에
대한 불안, 수치심, 죄책감, 우울을 느끼지 않고 동성애를 갖
도록 돕는 것도 한 방법으로 제안되고 있다. ◆

# 4. 성불편증의 원인과 치료

성호르몬 등 생물학적 원인도 제기되고 있지만 아직 논란이 많다. 대신 사회심리학적 원인이 주로 논의되고 있다. 우선, 양육 시 어떤 성으로 자라는가의 문제로 여기에는 어린이의 기질, 부모의 태도, 기타 대인관계의 영향이 크다. 즉, 남자답게 또는 여자답게 행동하도록 양육되면서 남자아이는 남자아이의 놀이 전쟁놀이를 하게 되고, 여자아이는 여자아이의 놀이 인형과 집를 하게 되는 것 등이다. 이 과정에서 특히 어머니의 영향이 크다.

프로이트는 성장과정 중 오이디푸스 콤플렉스가 중요시되는 남근기 상태에 고착된 현상으로 설명하고 있다. 즉, 이성의 부모를 과도하게 동일시하면 이후 심리성적 정체성 장애가 생긴다는 것이다. 성적 학대를 받은 경험이 있을 때도 '다른 성이었다면 괜찮지 않았을까'라고 생각한다는 점에서 이 장애가 생긴다는 연구도 있다.

## 1) 성불편증의 유병률 및 경과

성불편증의 유병률에 관한 최근의 역학 연구는 없으나 유럽 일부 국가의 자료에 의하면 성전환 수술을 받은 개인은 성인 남자의 경우 3만 명당 1명이고, 성인 여자의 경우 10만 명당 1명이었다.

임상적으로 의뢰되는 아동의 경우 반대 성에 대한 관심과 활동은 대개 2~4세에 시작되고, 어떤 부모는 그들의 자녀가 항상 반대 성에 관심을 가져왔다고 보고한다. 성불편증이 있는 아동의 극소수만이 사춘기 또는 성인기에 성불편증의 진단 기준을 충족시키는 증상을 나타낸다. 전형적으로 아동들은 학교에 입학할 무렵 그러한 문제를 일시적인 것으로 여기지 않는 부모의 근심 때문에 의뢰되어 온다. 성불편증을 가진 대부분의 아동은 시간이 지남에 따라 부모의 개입에 의해 혹은 또래집단의 반응에 의해 반대 성의 행동을 덜 나타낸다.

후기 청소년기나 성인기에는 아동기 성불편증의 과거력이 있지만, 현재는 정상적인 남자 청소년이나 성인 가운데 약 3/4이 동성애적이거나 양성애적인 경향성이 있음을 보고한다. 나머지의 대부분은 이성애적 성향을 가지고 있으며, 동반되는 성불편증은 없다. 소녀의 성적 지남력에 대한 비율은 알려져 있지 않다. 일부 사춘기 청소년의 경우 보다 명확한 반대 성에 대한 동일시를 발전시키고, 이에 따라 성전환 수술을 요구하거나 만성적인 성적 혼란 혹은 불편한 느낌이 지속된다.

성인 남자의 경우 성불편증이 발달되는 데는 2가지의 다른 과정이 있다. 첫째는 어린 시절이나 사춘기 초기에 발생한 성불편증이 지속되는 경우이고, 둘째는 반대 성 동일시의 명확한 징후가 보다 늦게 점진적으로 나타나고 대개 성인기 초기 ~중반기에 임상적으로 발견되는 경우다. 후자의 경우 때로 의상전환 장애를 동반한다. 성불편증이 보다 늦게 발생한 집단일수록 반대 성 동일시의 정도에 있어서 보다 변동이 심하고, 성전환 수술에 대해 보다 강한 양가감정을 가지며, 여성에게 성적으로 더욱 끌리고, 성전환 수술 후에도 만족이 덜하다.

남자에 대해서 성적 매력을 느끼는 성불편증이 있는 남자는 사춘기나 성인기 초기에 성적 불쾌감의 장기적인 과거력을 드러내는 경향이 있다. 이와 대조적으로 여성에게 또는 남성과 여성 모두에게 성적 매력을 느끼는 경우나 어떤 성에도 매력을 느끼지 않는 경우는 더 늦게 나타나는 경향이 있고, 전형적으로 의상전환 장애의 과거력을 갖고 있다. 만약 성불편증이 성인기에 나타난다면 이는 만성적 경과를 거치는 경향이 있지만 자연적으로 증상이 사라진다고 보고되기도 한다.

## 2) 성불편증의 치료 및 예후

성불편증에는 대개 심리치료가 중심이 된다. 치료가 어려울 때는 성전환 수술을 하도록 한다. 수술 전에는 엄격한 사전 평가와 3개월 정도의 다른 성으로서의 생활과 호르몬 치료 등 사전 과정을 밟도록 한다. 예후는 70~80% 정도가 만족스럽다고 보고한다.

## 3) 성불편증과 다른 장애와의 구분

성불편증은 성전환 소망, 성적 관심 그리고 성적 행동의 정도와 범위에 따라 전형적인 성역할 행동에 대해 단순히 동조하지 않는 경우와 구별될 수 있다. 이 장애는 전형적인 성역할 행동에 대한 단순히 아동의 비동조적 행동, 예를 들면 소녀의 말괄량이 행동, 소년의 계집애 같은 행동을 지적하고 있는 것이 아니다. 이 장애는 자신이 남성인지 여성인지에 대한 지각에 있어서 심각한 장애가 있음을 나타낸다. 이 장애로 진단이 내려지려면 심각한 고통이나 장해를 포함한 완전한 증후군이 존재해야 하며, 단순히 남성다움이나 여성다움에 대한 문화적인 통념에 맞지 않는다고 해서 진단을 내려서는 안 된다.

의상전환 장애는 성적 흥분을 위해 옷을 바꿔 입는 이성애적 또는 양성애적 남자에게서 일어난다. 이들은 대부분 옷 바꿔 입기를 제외하고는 어린 시절 반대 성 행동의 과거력을 갖고 있지 않다. 의상전환 장애뿐만 아니라 성불편증의 완전한 진단기준을 충족시키는 남성은 양쪽 진단이 모두 내려져야 한다. 자신의 성에 대한 불쾌감이 의상전환 장애가 있는 개인에게 나타나지만 성불편증의 완전한 진단기준을 충족시키지 않는다면 성적 불쾌감이 동반된다는 세부 진단이 사용된다.

달리 분류되지 않은 성불편증 범주는 선천성 양성 조건으로 인한 성정체감 문제가 있는 개인에게 사용될 수 있다예: 안드로겐 불감성 증후군 또는 선천성 부신 과형성증.

조현병에서 드물게 자신이 다른 성에 속해 있다는 망상을 보인다. 그러나 성불편증이 있는 사람이 자신이 다른 성에 속해 있다고 주장하는 것을 망상이라고 간주해서는 안 된다. 왜냐하면 이들은 자신이 다른 성의 일원임을 사실로 믿는 것이 아니라 다른 성의 일원인 것처럼 느끼기 때문이다. 그러나 매우 드문 경우, 조현병과 심한 성불편증이 공존하기도 한다. ◆

# 5. 사례로 보는 성불편증의 치료

    C는 21세의 대학 3학년 학생이었다. 거의 모든 면에서 그녀는 잘 적응하는 학생이었다. 학교 성적도 좋았고 사회적인 활동도 적극적이었다. 그녀의 문제는 성정체감에 갈등을 느끼는 것이었다. 이 문제는 너무도 근본적인 것이라 C를 '그'라고 해야 할지 '그녀'라고 해야 할지를 결정하기도 어려울 정도였다. 물론 C 자신은 남성 대명사를 사용했지만 말이다. 여기서는 편의상 이 사례와 관련해서 여성 대명사를 사용하기로 한다.

    이는 언뜻 보기에 거부할 수 없는 가장 기본적인 구분, 즉 남자와 여자 간의 구분에 대한 근본적인 의문을 불러일으킨다. C는 신체 해부학적으로 여성이었다. 하지만 이러한 구분은 겉으로 드러나는 신체적인 외양에 기초해 볼 때 그리 쉬운 일이 아니었다. 그녀는 키가 컸고 호리호리했다. 엉덩이는 좁았고 가슴은 붕대로 감아서 작았다. C의 얼굴은 중성과 흡사

했다. 피부는 부드럽고 완만해 보였지만 모습이 특별히 섬세하거나 여성적이지는 않았다. 그녀는 머리를 짧게 잘랐고 남자 옷을 입고 있었다. 가장 전형적인 모습은 청바지와 남자 셔츠를 입고 있는 것이었다. 그녀는 남자 속옷을 입었고, 남자 신발을 신었다. 또한 오른손에 남자 반지를 끼고 남자 시계를 찼다. 그녀의 겉모습은 말끔한 편으로 얼핏 보아서는 남자인지 여자인지 분명하지 않았다. 목소리는 남녀를 구분하는 데 별 단서가 되지 않았다. 왜냐하면 그녀의 목소리는 깊지도 높지도 않았기 때문이다. 많은 사람은 그녀를 남자라고 생각했다.

그녀 자신의 태도나 행동에 기초해 볼 때 다른 성불편증자처럼, C는 자기를 여자의 몸을 한 남자라고 했다. 그녀는 자기가 성정체감에 대해 혼돈스럽다고 생각하지 않았다. 물론 생물학적인 관점에서 보면 C는 유방과 자궁이 있으며 월경도 했고, C 역시 자기가 남자가 아니라는 사실을 인정했다. 하지만 신체적인 해부학 이상의 무언가가 있었다. 기억이 닿는 한 C는 항상 자신이 여자라기보다는 남자라고 느껴 왔다. 자신의 이런 감정을 다른 사람에게 설명하려고 할 때면 "당신이 원하는 대로 생각할 수 있어요. 하지만 당신이 나와 시간을 함께 보내고 나와 이야기를 해 본다면, 아니 단지 나와 함께 있어만 보아도 당신은 내가 여자가 아니라는 걸 알게 될 거예요."라고 말하곤 했다. 뭐가 남성적이고 뭐가 여성적인지에 대한 우리 생각의 핵심에는 이러한 주관적인 지각의 세부 내용들, 즉 C의 믿음을 지지하는 데 사용된 경험들이 놓여 있다.

C는 남자들에게서 동료의식을 느꼈다. 그녀는 남자들에게 성적으로 매력을 느끼지 않았으며, 남자들과 한 번도 성적으로 접촉한 적이 없었다. 그녀는 남자들과 동료가 되기를 바랐다. 모험담을 나누고 여자들과의 성적인 무용담을 자랑삼아 견주고 싶어 했다. 남자들은 그녀의 친구였다. C는 여자들에게는 종종 전형적으로 남자처럼 굴었고 예의 바르게 대했다. 그녀는 여자들을 위해 문을 열어 주고, 식당에서는 의자를 당겨 주었으며, 여자가 방에 들어오면 일어서기를 좋아했다. 여자와 함께 차를 탈 때면 자신이 운전해야 한다고 느꼈다. 물론 이러한 행동들이 본래부터 남성적인 것이라고 말하는 것은 아니다. 이런 행동들은 자라면서 학습되는 것이다. C는 이렇게 행동하는 것이 더 편하다고 느꼈다. 왜냐하면 이러한 행동은 그녀를 남자답게 느끼게 했고, 그렇게 하는 것이 자연스러웠기 때문이다.

사람들은 C를 처음 만날 때 다양한 방식으로 반응했다. 대부분은 그녀를 남자로 보았지만, 때때로 누군가가 그녀를 여자로 보고 그녀에게 여성 호칭을 사용하면 C는 항상 바로잡아 주었다. 호기심을 불러일으키거나 주목을 끌 만한 상황에서,

C는 보는 이의 애매함을 덜어 주기 위해 과장되게 남성적인 행동을 하고 남성적인 목소리를 냈다.

한번은 그녀가 처음으로 작은 세미나실에 들어갔을 때였다. C는 건들거리며 방을 가로질러 들어가서는 한쪽 발뒤꿈치를 다른 쪽 무릎에 엇갈려 세운 채 앉고 나서 의자에 비스듬히 구겨 앉아 있었는데, 이는 완전히 남자들의 자세였다. 전화를 받을 때면 그녀는 항상 목소리를 낮게 깔았다.

C는 성적으로 여자들에게 매력을 느꼈으며, 이는 그녀의 남성이라는 성정체감여자보다는 남자와 비슷하다는 그녀의 확신과 일치하는 것이었다. 그녀는 자기를 이성애자라고 보았다. 그녀는 지속적이며 절친한 관계를 2번 맺은 적이 있는데, 둘 다 상대는 여자였다. 현재 그녀의 연인은 26세의 양성애자인 L이다. L은 C를 남자로 대했고 그들의 관계는 이성애적인 것이라고 생각했다. 그들이 처음 만났을 때, L은 C가 여자라고 생각했고, 여자인 C에게 매력을 느꼈다. 그러다 관계가 발전하면서 L은 C를 남자라고 생각하게 되었다. 이런 인상을 받게 된 것은 부분적으로 신체적인 행동 때문이었다. L은 C와 사랑을 나누는 것이 여자보다는 남자와 사랑을 나누는 것과 비슷했다고 수긍했다. 아마도 더 중요한 것은 정서적이고 지적인 느낌 때문일 것이다. C는 L이 힘들어하는 것과는 다른 일로 힘들어했고, L의 전형적으로 여성적인 경험의 많은 부분을 공감할 수

없었다. L은 자신이 생리를 하는 동안의 불편함에 대해 C가 분명히 공감할 수 없는 것을 보고 놀랐다. 한번은 그들이 사랑을 나눌 때, C는 L에게 자궁 안에 무언가가 있는 느낌이 어떤 것이냐고 물은 적이 있다. 그것은 C가 한 번도 경험해 보지 못한 감각이었다C는 그런 상황을 원하지도 않았다.

C의 부모는 그녀가 고등학교 3학년 때부터 성정체감의 갈등이 있다는 것을 알게 되었다. 부모에게 이것은 다루기 어려운 문제였다. 하지만 C의 부모는 C에 대한 사랑이 C가 성전환자로서 겪게 될 문제에 대한 걱정보다 더 중요하다는 것을 C에게 믿도록 해 주었다. 그러나 어머니의 반응과 아버지의 반응은 매우 달랐다. C의 엄마는 문제를 수용했고 C에게 정서적인 지지를 줄 수 있는 모든 노력을 다하였다. 반면에 C의 아빠는 보다 지적인 수준에서 그 문제에 접근하려고 하였고 단지 지나치는 단계일 뿐이라고 믿으려 했다. 둘 다 영원히 딸의 모습을 바꿀 수 있는 수술에 C가 관심을 보이는 것을 반대했다.

비록 C의 인생은 대부분의 영역에서 잘 되어가고 있지만, 그녀는 남성이라는 성정체감에 걸맞은 신체를 갖기 위해 무언가를 하고 싶어 했다. 우선, 유방 절제를 원했다. 또한 남성 호르몬을 투여받아서 목소리를 굵게 만들고 얼굴에 수염이 자라기를 바랐다. 그녀는 수술을 통해 자궁과 난소를 제거하기를 바랐는데, 일차적으로 그런 기관이 계속 있게 되면 테스토스테론의 소비와 충돌을 일으킬 수 있기 때문이었다. 그녀는 남자의 성기도 가지기를 원했지만 성기에 대한 외과적 수술은 꺼렸다. 왜냐하면 기능적으로 온전한 남성의 기관이 되지 않을 수도 있기 때문이었다. 더욱이 현재 사용 중인 기관을 불구로 만들 가능성이 있었고, 클리토리스의 자극을 통해 오르가슴을 느끼는 능력을 상실할 수 있다는 점이 그녀를 걱정스럽게 했다.

C의 남성 정체감 중에서 한 가지 흥미로운 점이 신체를 바꾸는 것과 관련된 절차의 장점과 단점에 대해 토론하면서 드러났다. L은 아이를 낳을 수 있는 능력을 잃고 난 후에 있을 수 있는 충격적인 결과에 대해서 언급했다. 몇 년이 지나서 C가 과거는 실수이며 이젠 가족을 갖고 싶다고 하면 어쩔 것인가? 하지만 그러한 생각은 C에게는 아주 낯선 생각이었다. C가 신체를 바꾸고 싶었던 것은 미용상의 이유에서였다. 그리고 그녀의 걱정은 미래의 계획과 관련된 것이었다.

"나는 지금 당장은 젊은 남자로 통할 수 있어. 그런데 지금은 스물한 살이니까 괜찮지만, 마흔이 되어도 수염이 안 나서 여전히 스무 살로 보이면 어떻게 하지? 나는 평생 스무 살짜리 여자와는 데이트를 못 할 거야. 그렇게 되면 난 행복하지 않을 거야."

그녀의 거리낌은 신체적인 건강에 집중되었다. 그녀가 임신 능력에 대해 별로 걱정하지 않았다고 상상하기는 힘들었다. 그녀는 사춘기 이후로 유방을 감추려고 많은 노력을 했기 때문에 가슴이 없어지는 것에 대해서는 걱정이 없었던 것이 분명했다.

대학 4학년 때 C는 대학 학생건강센터에서 심리학자를 만나기로 약속했다. 그녀는 남성호르몬을 투여받고 외과적으로 몸을 바꾸려는 자기의 욕망에 대해 이야기하기를 원했다. 비록 그녀는 오랫동안 그러한 결정에 대해 생각했고 수많은 사람과 이야기했지만, 정신건강 전문가의 의견을 듣고 싶어 했다. 이러한 절차가 가장 합당한 행동 수순인가? 그녀가 변신하려는 욕망은 정말로 깊게 뿌리박힌 심리적 장애의 산물인가?

〈C의 개인력〉

C는 1남 3녀 중 첫째로 태어났다. 남동생은 그녀보다 한 살 어렸고, 여동생은 각각 16세, 12세였다.

C는 자기가 항상 남자아이 같다고 느꼈다고 했다. 다른 사람들은 그녀를 전형적인 '머슴애 같은 여자아이'로 보았지만, C는 무엇이 다른지를 알고 있었다. 아주 어렸을 때, C와 남동생 그리고 그들의 아버지는 하루 종일 함께 놀았다. 가족들은 운동을 즐겨했는데, 특히 농구를 좋아했다. 아버지는 C와 남동생에게 드리블을 하고 슛을 쏘는 것을 가르치느라 많은 시

간을 보냈다. 이러한 기억은 C에게 즐거운 추억으로 남아 있지만, 또한 그녀는 자기와 동생이 나이 들어감에 따라 이 집단으로부터 배제되는 느낌을 받았다는 기억도 남아 있었다. 예를 들면, 그 당시 어린이 농구리그는 소녀들의 출전을 규정상 막았고, C는 자기가 소년들과 어울려 경기를 할 수 없다는 것을 알고는 매우 낙담하였으며, 9~10세가 되자 그런 일은 아주 당연한 것으로 되어 버렸다. 그녀와 남동생은 유소년 팀에서 활약했고 그들의 아버지는 코치였다. 하지만 C는 소녀 팀에서 경기를 해야 했으며, 그녀는 그러한 처사가 자기를 위해서나 여자 팀을 위해서나 온당치 못하다고 생각했다. 비록 자기가 여자 팀에서 최고의 선수이지만, 자기가 속해야 한다고 느끼는 남자 팀에서도 중간은 할 수 있다고 생각했다. 고등학교에 들어갔을 때, 그녀는 가장 훌륭한 선수였음에도 자기의 이름과 사진이 신문에 여자 팀의 일원으로 나오는 것이 싫어서 마침내 팀에서 나왔다.

비록 C는 대부분의 시간을 그녀의 아버지와 남동생과 보냈지만, 어머니와도 좋은 관계를 맺고 있었다. C는 어머니를 어려울 때 정서적인 지지와 안쓰러움을 보내 주는 지지자로 기억했다. C의 엄마는 운동에 취미가 없어서 아버지와 아이들의 운동에 끼지는 않았지만, C와 엄마는 함께 이야기하고 장을 보았다. 반면에, C는 다른 여자아이들이 엄마와 함께하고 싶

어 하는 일들, 예를 들면 요리 같은 데는 전혀 관심을 보이지
않았다.

그녀는 또한 대부분의 여자아이가 좋아하는 장난감을 가지
고 노는 데 관심을 보이지 않았다. 그녀와 남동생은 자동차, 장
난감 병정, 야구 카드와 같은 장난감을 가지고 놀았다.

학교에 들어가고 공식적인 상황에서 다른 아이들을 만나게
되면서 C는 다른 아이들이 당연히 여기는 문제에 대해 고민하
기 시작했다. 예를 들면, 남자화장실과 여자화장실 중 어느 화
장실을 사용할지에 대해 고민하는 아이들이 있겠는가? C는
1~2학년 때 여자화장실을 쓰는 것이 편치 않은 느낌이었다
는 기억이 있다. 1학년 때 C는 여학생들은 교복을 입어야 하
는 가톨릭 교구 학교에 다녔다. C는 드레스를 입었고 머리는
길러서 말꼬리처럼 묶었다. 하지만 C는 2학년이 되자마자 싹
바꾸어 버렸다. 부모님이 C와 남동생을 공립학교로 전학시킨
후로 C는 머리를 짧게 자르고 헐렁한 바지와 셔츠를 입어서
남자아이들과 구분되지 않았다.

라커룸을 사용하는 데도 비슷한 문제가 생겼다. C가 9세 때
C의 어머니는 C와 남동생을 공립학교 수영교실에 등록시켰
다. 그 후 C는 수영교실에서 같은 반의 귀여운 여자아이에게
홀딱 빠졌다. 그런데 다른 여자아이들과 같은 라커룸을 사용
하고 여자 수영복을 입어야 하기 때문에 부끄럽고 당혹스러운

느낌이었다고 기억했다. 2학년 때는 1년간 소녀단 활동을 했다. 드레스를 입어야 한다는 점을 빼고는 훈장을 차고 제복을 입는 게 좋았다고 기억했다. 2학년에서 3학년으로 올라가는 여름방학 때 다른 소녀단원들과 캠프에 갔다. C는 처음으로 집을 떠나 하룻밤을 지내게 되었고 이에 어색함을 느꼈다. 왜냐하면 처음으로 하루 종일 다른 여자아이들과 지내야만 했기 때문이다. 캠프 선생님이 첫날 모두 다 수영을 하러 가야 한다고 할 때, 캠프는 일찌감치 망친 것이었다. C는 수영을 좋아하지만 여자수영복을 입는 걸 싫어했기 때문에 아픈 척 해서 남은 시간을 내내 쉬면서 보냈다. C는 항상 '여자짓'을 하는 걸 싫어했기 때문에 가을에 소녀단을 탈퇴했다.

아이로서 C의 성적 호감은 남자아이보다는 여자아이에게 있었다. C는 9세 때 이웃에 사는 11세 소녀에게 관심을 보이느라 많은 시간을 보냈는데, 그 소녀는 인근의 많은 남자아이들에게도 인기 있는 여자아이였다. 이처럼 어린 나이에도 C는 남자아이보다는 여자아이에게 매력을 느꼈던 것이다. C는 남자아이들과 성적인 유희를 즐길 수 있는 기회가 많았다. 소녀의 남동생은 C에게 관심을 보였지만 C는 아무런 관심도 보이지 않았다. 그녀에겐 여자아이들이 더 매력적이었고 흥미로웠다.

C가 중학교에 들어갈 때쯤, C는 여성스러운 자기 이름을 부르지 않으려고 의도적으로 애를 썼다. 그녀의 이름은 남녀

모두에게 쓰이는 이름이었는데도 그녀는 자신의 이름을 싫어했는데, 자신의 이름이 여성적인 이름에 더 가깝다고 생각했기 때문이었다. 그녀는 대신에 좀 더 남성적인 별칭을 사용하였다.

사춘기는 C에게 어려운 전환의 시점이었다. 성의 분리가 더 확실해졌기 때문이다. 모든 여자아이는 드레스를 입고 남자아이들과 데이트하고 싶어 했다. 그러나 C는 바지를 입고 여자아이들과 데이트 하고 싶어 했다.

상황은 C가 고등학교에 들어가고 몸이 변화하면서 더 좌절스럽게 변했다. 월경의 시작은 C를 곤란하게 만들었으며, 가슴이 커지면서 C가 여자임을 다른 사람이 알아볼 수 있게 되자 상황은 더 어려워졌다. 가슴이 커지기 시작하면서 C는 살색 혁대로 가슴을 꽉 동여매기 시작했다. 혁대는 가슴에 멍을 남기곤 했다. 체육시간에 옷을 갈아입어야 할 때, 그녀는 항상 혼자 떨어진 라커룸을 찾아서 다른 여자아이들로부터 멀리 벗어나 옷을 입었기 때문에 아무도 C가 벨트로 가슴을 동여매고 있다는 걸 보지 못했다. 그녀는 자기가 여자의 몸이 되어 간다는 것을 다른 사람이 알게 되었을 때의 당혹스러움보다는 이러한 고통과 불편함을 감수하는 것이 낫다고 생각했다.

C는 17세가 되었을 때 마침내 엄마에게 여성으로서의 불편함에 대해 이야기를 하기로 결심했다. C는 어머니에게 남자아

이가 되고 싶다고 말했다. 어머니의 대답은 "네가 무얼 하고 있는지 알고 있단다. 나도 어려서 네 나이 때는 말괄량이였어. 곧 벗어날 거야."라는 것이었다. C의 어머니는 C가 남자 옷을 입는 것을 봐주었지만, C가 얼마나 힘들어하는지에 대해 깊이 이해하는 것 같지는 않았다.

C는 자신의 성역할과 행동이 불편했지만, 학업이나 과외활동에 적극적이었고 계속 친구들도 많았다. 사실 그녀는 매우 인기 있고 다른 학생들의 존경을 받았기 때문에, 고등학교에서 1학년 대표로 뽑히기도 했다. 비록 C가 남자 같은 옷을 입었지만, 체육시간에 여자체육관을 썼기 때문에 모든 사람은 C를 여자로 보았다. C와 친구들이 하고 있는 대부분의 사교활동은 주로 저녁이나 주말에 롤러스케이트를 타는 것이었다. 자기 학교 아이들과 시내의 다른 학교에서 온 아이들이 모여 스케이트를 타면서 락 음악을 듣고 피자를 먹으면서 즐거운 시간을 보냈다. C는 운동을 좋아했고 몸을 움직여서 하는 일을 좋아했기 때문에 C에게 이 시간은 아주 즐거운 시간이었다. 하지만 디제이가 "여자들만" 혹은 "남자들만" 하고 소리칠 때처럼 어색한 순간도 있었다. 그럴 때면 C는 스케이트장을 떠났다. C는 여자로 보이는 게 싫었지만 그렇다고 남자에 속할 수도 없었다.

C가 고등학교 2학년 때, 그녀의 부모님은 별거를 하다가 이

혼을 했다. 부모님이 헤어진 사실을 알리지 않았기 때문에 이혼 소식은 아이들에게 충격이었다. 아이들은 엄마와 함께 살게 되었고 주말에 아버지를 만날 수 있었다. 고등학교 때 C는 대부분의 시간을 같이 보낸 3명의 남자아이들이 가장 친한 친구였다. 그들은 반에서 자유로운 생각을 가진 아이들이었다. 그들은 C의 성별을 개의치 않고 C를 자기 집단의 일원으로 받아들였다. 친구들 중 한 명이 나중에 말하기를 "나는 정말 한 번도 너를 여자라고 생각해 본 적이 없어. 그건 내게 그다지 중요하지 않을지도 몰라. 너는 그저 너일 뿐이지."라고 했다. 그러나 다른 아이들이나 선생님들은 그녀를 약간 주목했다.

C는 남자 바지와 셔츠를 입었고 때로는 넥타이를 하거나 스포츠 코트를 입기도 했다. C와 그녀의 친구들은 훌륭한 댄서이기도 했다. 따라서 주말에는 클럽에서 많은 시간을 보냈으며, 그들 일행이 도착하면 모든 사람이 춤을 추기 시작했고 즐거운 시간을 가졌다.

클럽은 C가 여자라는 걸 모르는 다른 학교 출신의 아이들을 만날 기회가 되기도 했다. 그래서 C는 다른 여자아이들과 춤을 출 수도 있었다. 한번은 이런 상황이 문제가 되기도 했다. C는 클럽에서 여자아이들 2명을 만나 친구가 되었다. 그들은 서로를 좋아했고, 클럽에서 함께 춤을 췄으며, 주중에는 통화하여 서로의 이야기를 주고받았다. 그러면서 C는 집 전화번호

를 가르쳐 주었는데, 이는 평소에 하지 않던 행동이었다. 하루
는 밤에 C가 집에 없을 때 여자아이들이 전화를 했는데, C의
엄마가 받아서 "그녀는 지금 집에 없는데."라고 했다. 이는 C
가 남자가 아니라는 첫 번째 힌트였다. 그녀들은 C와 같은 학
교에 다니는 다른 친구를 통해 C가 여자라는 사실을 알고 크
게 놀랐다. 그녀들은 충격을 받았고 분개했다. 그녀들이 다른
남자 친구들에게 그 사실을 말하자 남자아이들은 C가 클럽에
나올 때 보면 본때를 보여 주겠다고 약속했다.

  섹스는 C에게 극도로 좌절스러운 딜레마를 안겨 주었다.
C는 그녀의 남자 친구들처럼 여자아이들에게서 매력을 느꼈
다. 그러나 그녀의 친구들은 모두 C가 여자라는 걸 알고 있었
다. C는 한 소녀에게 특히 매력을 느꼈는데, 그녀는 일 년 전
에 전학을 온 여학생이었다. 그녀는 똑똑하고 매력적이며 적
극적이었고, 그녀의 외모나 행동은 상당히 여성스러웠다. 그
녀는 C와 그녀의 친구들과 많은 시간을 함께 보냈지만, 그녀
는 야구팀 주장을 맡고 있는 남자아이와 늘 함께였다. C와 그
녀는 시간이 지나면서 점점 더 많은 시간을 함께 보냈다. 그들
은 매일 밤 적어도 한 시간 이상씩 통화를 했고 주말에는 거의
붙어 지냈다.

  고등학교 3학년 때 그녀의 남자 친구는 대학에 진학하여 떠
나갔다. 관계는 점점 뜸해졌고 그녀는 그 상황을 어떻게 타개

해야 할지 몰랐다. C는 그녀가 이렇게 힘든 몇 달을 보내는 동안 그녀에게 정서적인 지지를 보내는 가장 중요한 사람이 되었다. C는 그녀를 매우 좋아했고 성적으로 끌렸지만, 이러한 감정을 말했다가는 관계가 깨질까 봐 두려웠다.

그러다가 어느 토요일 저녁에 모든 게 갑작스럽게 바뀌었다. 그들은 같이 영화를 보러 가서 어두운 극장 속에 나란히 앉았다. 그때 그녀는 C에게 강한 정서적 끌림을 느꼈다. 그녀는 C가 자신의 손을 잡고 어깨를 감아 안아 주기를 바라면서 앉아 있었다. 영화가 끝나고 집에 돌아오는 길에 그녀는 아까 영화관에서 느낀 감정을 C에게 말했고, 그 말을 들은 C는 그녀에 대한 자기의 감정을 설명하려고 애썼다. 그들은 그녀의 집에서 계속 이야기를 했고, 마침내 그녀의 침대에 누워 이야기하고 사랑을 나누면서 그날 밤을 보냈다.

그들의 육체적인 관계C와 그녀는 이성애적인 관계라고 여겼다.는 그들 모두에게 전에 없이 즐거운 경험이었다. 하지만 어색한 순간이 없었던 것은 아니다. 예를 들면, C는 그들이 사랑을 나누기 시작한 6개월 동안 그녀가 자기 가슴과 성기를 만지지 못하도록 하였다. C는 입과 손으로 그녀의 가슴과 성기를 애무했지만 그녀는 자신을 안고 키스하는 것 외에는 하지 못하도록 했다. 사실 C는 항상 사랑을 나누는 내내 바지를 입고 있었다. 이러한 거부와 저항은 자기가 잘못된 몸을 가지고 있다는

C의 생각 때문이었다. 만일 상대가 자기를 만지도록 내버려 두면, 그들 모두는 C가 여자의 몸이라는 것을 상기할 것이기 때문이었다. 이는 둘 모두에게 좌절스러웠지만 특히 그녀에게 더 좌절스러웠는데, 그녀는 C가 남자든 여자든 상관이 없었기 때문이었다. 그녀는 단지 한 사람으로서 C와 사랑하는 것이었고, 완벽하게 서로 주고받는 관계를 원했다. C 또한 좌절스러웠다. 왜냐하면 그녀가 그렇지 않다고 했지만, 자기는 성기가 없기 때문에 그녀가 가장 원하는 방식으로 그녀를 만족시킬 수 없다고 줄곧 느꼈기 때문이었다. 하지만 그녀의 완곡한 주장으로 그들은 점차 육체적으로 주고받는 관계로 확장되었다. C는 그녀가 손이나 입으로 자극해 주는 것이 좋다는 것을 알았고 그녀는 오르가슴에 도달하는 데 어려움을 느끼지 않았다.

C와 그녀는 부모의 간섭 없이 친밀한 관계를 지속할 수 있었는데, 그들의 부모는 C를 여자로 보았고 한 번도 그녀와 그녀가 연인일 가능성에 대해서 생각해 본 적이 없기 때문이었다. 그들은 아무런 의심도 받지 않고 그녀의 집에서 함께 밤을 지새우곤 했다. 그녀의 엄마는 이따금 C의 남자 같은 복장과 행동에 대해 그녀에게 묻고 이야기한 적이 있었지만, C와 딸의 관계에 대해서는 전혀 모르고 있었다.

그녀는 C에게 확실히 매력을 느꼈지만, 그녀가 다른 사람들의 반응에 점차 민감해지면서 그들의 관계에 문제가 생기기 시작했다. 일단 학교 전체에 빠르게 번지는 소문이 문제였다. 다른 학생들은 C의 남자 같은 행동에 대해서는 관대했지만, C와 그녀가 연애를 한다는 얘기를 전해 듣고는 비판적으로 변해 갔다. 둘의 연애는 다른 학생들이 받아들일 수 있는 행동 범위를 넘어선 것으로 보였다. 그녀는 또한 자기가 알지도 못하는 사람들이 그들이 함께 있을 때 쳐다보는 것 같은 느낌을 받기 시작했다. 비록 C는 모든 사람이 자기를 남자로 볼 것이라고 믿었지만, 그녀는 다른 사람들이 가끔 C의 외모를 의아해한다고 믿었다. 그녀는 또한 C의 과도하게 깍듯한 행동에 대해서도 생각했다. 예를 들어, 자기를 위해 문을 열어 준다든가 식사를 마치고 떠날 때 자리에서 일어서는 것과 같은 행동들인데, 이러한 행동은 더욱 다른 사람들의 시선을 끌었다. 그녀는 점차 사람들이 있는 곳에서 C와 있는 것이 어색해졌고 집에 홀로 있을 때만 편안함을 느꼈다.

그들의 성적 관계는 C가 대학 1학년 때 끝이 났다. 그녀의 엄마가 C가 쓴 연애편지를 발견했던 것이다. 그녀의 엄마는 격분했다. 그녀의 엄마는 그녀에게 학비를 대 주지 않겠다고 협박했고, C를 계속 만날 거면 집을 나가라고 했다. 압박은 대단했으며, 결국 C와 그녀는 좋은 친구로 계속 남기로 했고 연애 감정은 접어 두어야만 했다. 그녀는 그 후 2~3명의 남자와 사귀었고, 마침내 결혼했다.

그녀와의 관계가 끝난 후, C는 L을 만나기 전까지 몇 명의 다른 여자를 만나 사귀었다. 이들 중 한 명과의 관계는 좀 특별했는데, C의 성적 취향과 성정체감에 대해 무언가를 깨닫게 해 주었기 때문이었다. 고등학교 때부터 알고 지낸 그녀의 남자 친구 중에 같은 대학 1학년 학생이 있었다. 그들은 많은 시간을 함께 보냈고 마침내 C는 그에게 자신의 비밀을 터놓고 말했으며 그가 게이라는 사실도 알게 되었다. 그들은 반대 성의 신체가 어떤 성적 반응을 보이는지 서로 궁금해했다. 그들은 다른 성의 성반응을 관찰할 기회가 없었기 때문이다. 그들은 호기심을 채우기 위해서 서로 성관계를 갖기로 결정했다. C는 성관계를 갖고 나서 기분은 좋았지만 뭔가 불편함이 느껴졌다고 말했다. 그들은 서로 자위를 했고 C는 남자 친구가 성기로 삽입하지는 못하게 했다. C는 이전에 한 번도 남자와 성경험을 나눈 적이 없었기 때문에 주된 관심은 남자 친구의 행동을 관찰하는 것이었다. 그녀는 남자 친구가 흥분해서 오르가슴에 도달하는 것을 보았다. 그녀는 항상 자신의 성행동이 여자보다는 남자에 더 가깝다고 느껴 왔는데, 이러한 경험은 그녀가 정말 그런지를 알아볼 수 있는 기회였다. 그리고 이 일 이후로 그녀는 더욱더 자신이 남성적이고 남자에게는 성적으로 매력을 느끼지 않는다는 확신을 하게 되었다.

C는 한 사람만 사귀는 것을 선호했다. 일단은 그것이 편했기 때문인데, 성관계를 시작할 수 있을 정도로 충분히 친밀감을 느끼는 누군가를 알게 되기가 어려웠기 때문이기도 했다. 한편, 그것은 선택의 문제이기도 했다. 예를 들면, 그녀는 사람들이, 특히 남자들이 어떻게 그렇게 난잡할 수 있는지 이해하지 못했다.

대학 2학년 때, C는 성전환 장애에 관한 글을 우연히 접하게 되었다. 이때 그녀는 다른 사람도 자기와 똑같은 감정을 경험하며, 그러한 상태에 대해 어떤 공식적인 명칭을 부여할 수 있다는 것을 처음으로 알게 되었다. 그리고 이러한 고민을 그녀 혼자서만 하는 것이 아니라는 안도감과 더불어, 유익한 정보도 얻게 되었다. 즉, 이 사실들을 알고 나서 C는 훨씬 더 편안해졌으며, 그녀 신체의 외형을 바꾸는 데 도움이 되는 호르몬 치료와 여러 가지 외과적인 수술을 받을 수 있다는 사실을 알게 되었다. 그리고 이러한 선택 가능성에 대해 인식한 후에 C는 도서관에서 많은 책을 찾아 읽었다. 그러면서 자신의 외모를 바꾸고 싶다는 결정을 하고 대학 건강센터에 찾아갔다.

C가 심리학자를 만나기 위해 대학 건강센터를 찾아갔을 때, 그녀는 자기 행동을 바꾸고 싶어 하지 않았다. 그러나 외모를 바꾸기 위한 조처를 취하기 전에 정신건강 전문가와 일정기간 상담을 하는 일반적인 선행 절차를 거쳐야 했다. C도 건강에

해로울 가능성이 있는 어려운 조처를 취하기 전에, 변화하고
자 하는 자신의 감정이나 동기에 대해 가능한 한 많은 것을 이
해하기를 진심으로 원했다. 예를 들면, 호르몬 치료가 여드름
과 같은 피부질환을 유래할 수 있고 그것 때문에 머리카락이
빠질 수도 있다는 것이다. 비록 C는 남성적인 성정체감을 강
하게 느끼고 있었지만, 성전환 절차보다는 심리적인 치료가
필요할지도 모른다는 가능성을 신중히 고려해 보려고 하였다.

C의 탁월한 사회적 적응은 그녀의 현재 상태를 평가하는 데
주요하게 고려되었다. 그녀는 분명히 아주 잘 적응하고 있었
다. 학점도 좋았고 친구도 많았다. 그리고 그녀는 남성으로서
의 정체감을 둔 현재의 성관계에 만족스러워했다. 비록 C의
성정체감을 바꾸고 C가 여자처럼 행동하고 느끼도록 설득할
수 있는 방법이 있다고 하더라도, C가 더 잘 적응할 수 있을
것 같지는 않았으며, 오히려 불행해질 수도 있을 것 같았다.
따라서 심리학자들은 성정체감에 관한 문제가 깊숙이 뿌리 박
힌 정신병리가 드러난 것이라는 식의 설득을 하지 않기로 결
정했다. 그들은 C가 의료적 처치를 받을 것인지를 스스로 결정
할 때, 그러한 결정을 지지해 주는 역할을 하였다.

## 1) 사례에 대한 논의

이 사례에 대한 토론은 미묘하고도 논쟁적인 문제를 많이 포함하고 있기 때문에 우선은 여러 가지 용어에 대한 정의를 분명히 하고 논의를 시작하는 것이 도움이 될 것이다. '성정체감'이란, 자기가 남자인지 여자인지에 대한 그 사람의 믿음이나 확신을 말한다. 이러한 믿음의 공개적인 표현은 남성성이나 여성성과 관련된 역할 특징적인 행동과 관련된다. 반면에, '성적 취향'은 성적인 파트너로 남성 혹은 여성 중 어느 쪽을 선호하는지 나타낸다. 인간행동의 유형은 성정체감, 성역할 그리고 성적 취향의 여러 가지 조합으로 나타날 수 있다.

성불편증을 지닌 사람은 문제의 심각성과 지속성에 따라 상당히 다른 모습으로 나타난다. 성불편증을 보이는 아동 중에서 비교적 소수만이 어른이 되어서도 비슷한 문제를 지속적으로 경험한다. 여기서는 '성전환증'이라는 용어를 성인의 심각한 성불편증을 지칭하는 데 사용할 것이다.

왜 성불편증이 논쟁적인 주제인가? 아마도 그러한 주제는 우리가 우리 자신과 세계를 바라보는 방식에 관한 물음과 같은 어려운 문제를 제기하기 때문일 것이며, 아마도 성전환증 환자들의 태도나 그들이 받고자 하는 외과적 절차는 일반적으로 남자와 여자에 대한 생각과 많이 다르기 때문일 것이다.

성전환증은 엄격한 성역할이 완화되고 전통적으로 '남성적' '여성적'이라고 부르던 행동 방식에서 자유로워지려는 흐름이 전반적인 시대에 커다란 문제를 제기한다. 왜냐하면, 성전환증자들이 성적인 장치가 항상 제대로 기능하는 것은 아니라 단지 외형을 만들어 주는 수술임에도 그렇게도 바라는 것을 보면, 성전환증은 성기적 형태가 성을 좌우하는 데 우선적이라는 주장을 다시금 반복하는 것처럼 보이기 때문이다.

여기서의 논의는 성전환증의 정치사회적인 함의에 대한 것이라기보다는 성전환증 연구의 임상적이고 과학적인 이슈에 중점을 두고자 한다.

성정체감이 해부학적인 성과 일치하지 않는 사람들에 대한 서술은 고대에도 존재한다. 하지만 성전환증이라는 용어는 DSM-III가 출간되면서 처음으로 APA미국정신의학회의 공식용어로 사용되었는데, '성정체감 장애'라는 표제하에 성인이 경험하는 성적인 장애의 한 형태로 기입되었다.

DSM-IV에서 '성정체감 장애'는 성기능부전, 성도착 장애와 함께 하나의 범주로 기입된다. 물론 '성정체감 장애'와 '성적 장애'는 중요한 차이가 있다. 성적 장애는 주로 상호적인 애정적 성행위를 할 수 있는 능력에 장해가 있는 것으로 정의된다. C의 상황은 '성정체감 장애'가 왜 성적 장애로 간주되지 않는지를 잘 보여 준다. 비록 C는 자신의 해부학적인 성을 불편해하고 남자로서 살기를 바랐지만, 그녀는 성적으로 잘 기능하였으며 L과 상호 만족스러운 관계를 적극적으로 맺을 수 있었다.

DSM-5에서 '성불편증' 진단은 아이, 청소년, 어른에게 모두 부여될 수 있다. 사실 대부분의 성전환증 환자는 자기들의 해부학적인 성에 대한 불편감이 아동기 때부터 시작되었다고 말한다.

자기의 해부학적인 성에 대한 불편감과 자신의 성기를 없애고 싶은 바람이 성불편증의 핵심 정의이기 때문에 성전환증자가 단지 성을 바꾸는 수술을 받고자 하는 사람들에 국한되는 것은 아니라는 점을 지적하는 것이 중요하다. 마이어Meyer는 존스 홉킨스Johns Hopkins 성행동상담소에 성전환 수술을 받으러 오는 사람들의 하위 유형을 기술하였다. 이러한 하위 유형 중에는 자기들은 처벌을 받아야 한다고 믿으며 스스로를 비난하는 동성애자들, 분열적이고 정신병적인 사람들, 그리고 고통을 가하거나 신체적인 고통을 경험하면서 성적인 쾌락을 느끼는 가학피학 장애자들이 포함되었다.

성정체감의 혼돈은 관련은 있지만 서로 구분되는 다음 2가지 조건들과도 구분되어야 한다. 첫째, 성전환증이 망상이라

고 말하는 것은 정의상 맞지 않는다. 물론 정신병이 있는 성전
환증 환자도 있지만 대다수는 그렇지 않다. 그들은 자신의 해
부학적 구조와 그들의 성정체감 간의 불일치를 인식하고 있
다. 망상적인 사람은 자기는 여자라고 우길 것이지만, 성전환
증 환자들은 아마도 다음과 같이 말할 것이다. "나는 해부학
적으로는 여자가 아니지만, 거의 모든 다른 점에서는 여자예
요."라고. 더욱이 망상적인 환자들은 그들의 믿음이 완전히
자기주관적인 데 비해 성전환증 환자들은 흔히 자신들이 옳다
는 것을 다른 사람에게 설득시킬 수 있다. 예를 들어, C의 경
우 그녀와 그녀의 여자 친구들은 C가 여자라기보다는 남자 같
다는 생각에 같은 의견이었다.

둘째, 성전환증과 복장도착증은 동시에 나타나는 경우도
있지만 중요한 차이가 있다. 복장도착증은 이성애적인혹은 양성
애적인 남자가 성적으로 흥분할 목적으로 여자의 옷을 입는 장
애다. 복장도착증자의 성정체감은 그들의 해부학적인 성과 불
일치하지 않는 것이 일반적이며, 많은 성도착 장애 환자가 옷
을 바꿔 입는다고 해서 성적으로 흥분되는 것은 아니다. 그럼
에도 남자에서 여자로 성전환하려는 사람들 중 높은 비율로
적어도 이따금씩 여자 옷을 입을 때 성적으로 흥분되기도 한
다는 보고가 있다. 또한 일부 의상전환 장애 환자들은 수술을
통해 성전환을 하려는 경우도 있다고 한다. DSM-5에 따르면

성불편증과 의상전환 장애 모두에 해당되는 남자들은 2가지 진단을 다 받아야 한다.

성전환증에 관한 정확한 인구통계학적 자료는 얻기 힘들다. 전집에 대한 체계적인 조사가 아니라 치료를 받으러 오는 사람의 수에 근거해서 유병률을 추정할 수 있다. 성전환증은 비교적 흔치 않은 장애이며, 여자보다는 남자에게서 더 흔하다. 대부분의 초기 연구에 따르면 남녀 비율은 3:1이지만, 최근 들어 여성의 비율이 증가하는 추세다. 한 연구에서는 네덜란드의 성치료 센터에 치료를 받으러 오는 환자의 수에 근거하여 유병률을 산출해 보았다. 연구자들은 남자는 1만 2,000명당 1명, 여자는 3만 명당 1명의 유병률을 보인다고 보고했다.

남성과 여성 성전환증 환자들 간에는 심리학적인 특징에서 상당한 차이를 보이는 것으로 나타났다. 예를 들어, 여자 성전환증 환자들은 부모와의 관계가 더 좋고, 성적인 파트너와 안정된 관계를 맺으며, 치료 전 성경험에 더 만족해하는 경향이 있다.

반면, 많은 남성 성전환증 환자는, 아마도 치료를 받으러 오는 사람들의 반 정도는 또 다른 심리적 문제를 지니고 있다. 가장 흔한 증상은 우울, 불안, 사회적인 소외 등이다. 어떤 사람은 심한 성격장애를 보이기도 하지만, 정신병은 그리 많지 않다. 그러나 여성 성전환증 환자에게서 관찰되는 정신병리의 수준은 일반 집단과 다르지 않다. 따라서 C는 다른 여성 성전환증 환자들과 유사하다고 할 수 있다. 성정체감의 문제를 제외하면, 그녀는 기분을 잘 조절했고 학교생활에 잘 적응했으며 광범위한 교우 관계를 잘 형성하고 있었다.

성전환증 환자의 성적 파트너 역시 여러 가지 면에서 흥미롭다. 예를 들어, C와 그녀의 여자 친구는 C가 해부학적으로 여성이라는 사실에도 불구하고, C와의 관계를 이성애적인 관계로 생각하였다. 그린(1974)은 여성에서 남성으로의 성전환증 환자들의 여자 친구들이나 아내들을 면담하면서 이전의 남자 파트너와의 경험이 대부분 만족스럽지 못했다는 점을 발견했다. 많은 여자가 성전환증 환자 파트너를 만나기 이전에 성교를 통해 오르가슴에 이르지 못했다는 보고를 하였다. 이러한 점은 그녀의 상황과 일치하는데, 그녀가 C를 만나기 전에 가졌던 남자 친구들과의 성관계는 특별히 즐겁지 않았기 때문이다. 그러나 그녀는 C와 헤어지고 나서 다른 남자와 만족스러운 이성애적 관계를 맺고 즐길 수 있게 되었다.

그린(1974)은 또한 여성 성전환증 환자의 파트너를 동성애자로 생각하는 것은 너무 단순하게 보는 것이라고 지적했다. "그들은 보통처럼 이성애적 합일에 빠지기를 원하지만, 성기가 없는 '남자'와 그 일이 가능하기를 원하는 것이에요." C의 행동에 대한 그녀의 묘사나 C를 남자로 생각하려고 애썼던 점은 그녀가 이성애적이지 않거나 심리적인 혼돈이 있었기 때문이라기보다는 C가 그만큼 남성적이었다는 것으로 볼 수 있다.

성전환증과 동성애 간의 관계는 논쟁거리가 되어 왔다. 혹자는 성전환증은 단지 동성애자일 뿐이라고 주장한다. 즉, 동성의 사람들과 성적인 관계를 맺는 것에 대한 문화적·도덕적 제재에서 벗어나기 위한 편리한 수단으로서 반대 성에 대한 정체감을 가지려고 하는 동성애자일 뿐이라는 주장이다. 이러한 가설에는 많은 문제가 있다. 첫째, 성전환증 환자와는 달리 동성애자들은 자신의 성정체감에 대해 불편해하지 않는다. 예를 들어, 레즈비언은 여성으로서의 자신의 위치에 대해 자부심을 느끼며, 남자가 되고 싶냐는 제안을 하면 무척 놀랄 것이다. 둘째, 많은 성전환 환자는 C처럼 확실히 동성애를 불편하게 여기지 않는다. 성전환증 환자들이 자기들의 동성애적 취향을 부인한다는 주장은 종종 동성애적인 남자나 여자와의 만남을 일부러 피하려고 하는 일부 성전환증 환자를 보고 하는 말이다. 하지만 C의 친구 중에는 동성애적인 남자와 여자들이 있었다. 사실 C의 연인은 양성애자였으며 C를 만날 때 또 다른 여자와 살고 있었다. 셋째, 발달상의 경과라든지 성적 흥분의 양상을 비교해 보면, 성전환증 환자와 동성애자는 분명히 서로 구분되는 행동 유형을 보인다.

## 2) 병인론

왜 어떤 사람에게 성불편증이 생기는지는 분명치 않다. 사실 누군가에게 남성성 혹은 여성성에 대한 감感이 생기는 과정이 어떤 것인지는 상당히 흥미롭고 논쟁이 될 만한 문제다. 이는 인간 행동의 다른 영역에서처럼 선천-후천 논쟁을 떠올리게 한다. 성정체감은 유아가 태어나기 전에 유전적으로 결정된 것인가? 아니면 대개 환경에 따른 사회적 요인에 의해 결정되는 것인가? 성전환증의 발생에 대한 설명은 이러한 논쟁의 두 측면을 모두 다루지만, 임상적 문헌에서는 여러 가지 형태의 환경적 관점이 선호되어 온 것으로 보인다.

일부 연구자와 임상가는 성전환증의 원인으로 부모와 가족의 중요성을 강조해 왔다. 예를 들어, 스톨러(1985)는 남성 성전환증 환자의 경우에 아버지가 없고실제건 심리적이건 아주 밀접히 속박된 지배적인 어머니가 있다는 점을 강조했다. 여성 성전환증 환자의 경우에는 여러 가지 다양한 가족 형태가 확인되었다. 스톨러에 따르면, 여성 성전환증 환자 가족의 경우에 어머니가 우울증인 경향이 있다고 했다. 아버지는 배우자로서 지지와 보살핌을 주기보다는 냉담하고 무관심한 경우가 많다. 따라서 딸이 아버지를 대신해서 지지적이고 남성적인 역할을 해야 하는 것이다. 이와 같은 남성적인 행동은 아버지에 의해

조장되는 반면, 여성성은 무시된다.

하지만 C의 경우는 스톨러의 관찰과 일치하지는 않았다. 그녀의 어머니는 C가 어렸을 때 우울하지 않았으며, 아버지 역할을 대신하기를 기대하지도 않았다. C의 부모는 서로 친하지 않았지만, 그들의 관계에 아이들을 개입시키지는 않았다. C의 남성적인 성정체감은 그녀의 부모님 간의 갈등이 아이들에게 알려지기 전까지 여러 해 동안 고착되었다. 비록 C는 어머니와 엄청 많은 시간을 함께하지는 않았지만 좋은 관계를 맺고 있었다. C가 여자보다는 남자같이 느껴진다고 여러 차례 어머니에게 이야기할 정도로 C와 어머니는 서로 솔직하게 대화했으며 서로 많이 보살펴주었다.

그린(1974, 1987)은 남자아이에게서 나타나는 여성적인 행동과 여자아이에게서 나타나는 남성적인 행동이 어떻게 생기는지에 관한 다면적인 모형을 제안했다. 그의 견해는 주로 본뜨기모델링나 사회적 강화와 같은 학습원리에 상당한 비중을 두었다. 그린에 따르면, 성정체감 혼돈은 반대 성의 부모가 지배적이고 아이의 사회적 행동에 대한 가장 두드러진 모델이 될 때 생기기 쉽다고 한다. 아마 동성의 부모가 소극적이거나 존재하지 않는 경우일 것이다. 또래 관계 역시 중요한 역할을 한다. 여성스러운 남자아이는 여자아이들을 선호하고 함께 지내는 시간이 많은 반면, 남성스러운 여자아이는 남자아이들과 더 많은 시간을 보낸다. 이러한 부모와 또래의 조합은 반대 성과의 동일시 과정을 강화한다.

C는 많은 시간을 남자아이들과 거칠고 경쟁적인 놀이를 하면서 보냈다. 그녀의 아버지도 우는 것 같은 감정을 드러내는 행동을 용납하지 않았다. 하지만 아버지가 보인 사회적인 강화가 C의 성정체감 형성에 결정적인 역할을 했다고 말하기는 어렵다. 왜냐하면 많은 다른 여자아이가 C와 비슷하게 대접받더라도 성전환증이 되지는 않기 때문이다.

성전환증이 생기는 데 미치는 환경적 영향에 관해서는 비교적 적은 경험적 결과만 있을 뿐이다. 몇몇 연구는 부모 행동의 회상이라는 측면에서 성전환증 환자들과 그렇지 않은 통제 집단의 사람들을 비교하였다. 남성에서 여성으로의 성전환증 환자들은 통제 집단의 사람들보다 그들의 아버지가 더 따뜻하지 못했고 거부적이었다고 회상했다. 그러나 이러한 자료는 성정체감을 지닌 사람들이 성인이 된 후에 얻어진 자료이며, 이들은 치료를 받으러 온 사람들이라는 점을 지적하는 것이 중요하다. 이러한 상호작용 방식이 원래 성정체감이라는 문제가 생기고 나서 있었던 것인지, 아니면 성정체감이라는 문제가 생기는 데 기여한 것인지 분명하지 않다. 부모와 성전환증적인 아들 혹은 딸과의 상호작용이 적어도 부분적으로는 아이들의 성정체감 문제에 대한 반응으로 결정된 것일지도 모른다. 이러한 문제와 관련하여 성정체감 문제가 발생하기 이전에 얻어진 종단적인 자료는 현재 없는 상태다.

사례연구는 성전환증의 원인 중 환경적인 그리고 생물학적인 요인의 가능한 영향을 밝히는 데 중요한 기초를 제공해 줄 것이다. 예를 들어, 갈덴과 로터리(1992)는 성정체감이 서로 다른 13세짜리 여자 일란성 쌍둥이에 대해 기술했는데, 사회적인 양육이라는 측면에서 두 소녀 간의 차이가 그녀들의 성정체감 불일치를 설명할 것이라는 가설을 세웠다. 그들의 아버지는 알코올에 의존하는 문제가 있었으며 가족 안에서 거의 제 역할을 하지 않았다. 그들의 불안하고 우울한 어머니는 나중에 성전환증이 된 쌍둥이를 친구처럼 대했다. 스톨러의 가설과 일치하는 패턴이다. 이처럼 유전적으로 일치하는 사람들이 성정체감이 다르다는 것은 유전적인 요인이 원인의 전부를 설명할 수는 없다는 것을 나타낸다. 물론 이러한 결과는 놀라운 것은 아닌데, 다른 정신적인 질환에서도 일란성 쌍생아의 일치율이 100%에 이르지는 않기 때문이다.

사실 성정체감의 일정 부분이 환경적인 요인뿐만 아니라 생물학적인 요인에 의해서도 영향을 받는다고 믿을 만한 충분한 근거가 있다. 사례연구를 통해 생물학적인 요인에 대한 근거를 찾아볼 수 있다. 도미니카 공화국의 한 가계에서 태어난 여러 명이 체험한 이상한 경험에 관한 예를 들어 보자. 이들은 디히드로테스토스테론dihydrotestosterone이라는 호르몬을 생성해 낼 수 없었는데, 이 호르몬은 남자 태아에서 성기와 음낭을 만드는 역할을 한다. 이 호르몬이 없이 태어난 아이들은 모양이 애매한 성기를 가지고 태어나는데, 매우 작고 클로토리스처럼 생긴 성기와 음순처럼 생긴 음낭, 그리고 입구가 없는 질을 지니고 태어난다. 처음에 보고된 24개의 사례 중 18개의 사례에서 여자로 양육되었다고 나왔다. 그리고 그들이 사춘기가 되자 테스토스테론의 증가로 모든 것이 바뀌었다. 아이들의 '클리토리스'가 자라서 남근이 되었고이는 적절한 호르몬이 있었더라면 자궁 안에 있었을 것이다, 고환이 음낭으로 내려왔다. 또한 목소리가 굵어졌고 근육이 발달하여 남성적인 외모가 되었다. 기가 막히게도 그들 모두는 그들의 새롭게 변한 신체에 재빨리 적응했다. 그들은 이제 자기 자신을 남자라고 생각하며 여자들에게서 성적인 매력을 느꼈다.

도미니카 아이들의 사례는 많은 연구자가 생각한 것처럼 출생 후의 환경이 그렇게 결정적인 역할을 하는 건 아니라는 점을 시사해 준다. 아이들은 여자로 키워졌지만 해부학적인 변화가 생기자 자기들의 성정체감을 성공적으로 바꿀 수 있었다. 만일 그들에게 아동기 동안에 부모, 자매, 또래와 상호작용했던 경험이 일차적으로 중요한 것이라면, 어떻게 이러한 변화가 가능할 수 있단 말인가? 성정체감의 문제를 환경적인 관점으로만 보려는 엄격한 견해는 이러한 문제를 다루기 힘들다. 보다 생물학적인 입장을 지닌 연구자들은 성정체감이란 남성호르몬에 노출되면서 배태기에 발달하는, 아주 초기에 형성되는 특성 중의 하나라고 주장한다.

후자의 가능성은 C의 남성적인 성정체감이 아동기 때 부모의 양육방식에서 비롯되었다기보다는 근본적으로 생물학적인 과정의 산물이라는 점을 시사한다. 신경학적인 관점에서 보면, 외형적인 성적 특징에도 불구하고 그녀의 두뇌가 기본적으로 남성적이라는 주장을 할 수 있을 것이다. 뇌의 구조와 기능에 있어서 남성과 여성 간에는 신뢰할 만한 차이가 존재한다는 상당한 근거가 있음에도 불구하고, 불행히도 개인적인 수준에서 이러한 문제를 타당하게 검증할 만한 검사가 없다. 따라서 이 문제는 해결되지 않은 상태로 남아 있다.

## 3) 치료

성정체감 갈등과 관련된 문제에는 2가지 해결책이 있다. 하나는 그 사람의 성정체감을 해부학적인 특성에 맞도록 변화시키는 것이고, 또 다른 하나는 그 사람의 성정체감에 맞추어 해부학적인 특징을 변화시키는 것이다. 여러 가지 형태의 심리치료가 성전환증 환자의 성정체감을 변화시키기 위해 사용되었지만, 이러한 처치는 거의 성공적이지 못했다. 다소 긍정적인 결과가 발로우, 아벨 그리고 볼랭차드(1979)의 연구를 통해 보고되었는데, 이들은 3명의 남성 성전환증 환자들에게 남성의 성행동을 하도록 만들고 유지시키는 행동주의적인 절차를 사용하였다. 추수 연구에 따르면, 성정체감의 장애를 보이는 사춘기 이전의 소년들에게 행동치료가 효과적일 수 있음을 보여 주었다. 레켈스, 킬거스 그리고 로센 등(1990)은 치료를 마친 29명의 소년들을 4년 가까이 조사하였는데, 가장 큰 개선 효과는 어린 나이에 치료를 받았던 소년들에게서 나타났다.

성전환증 환자의 성정체감을 바꾸기 위한 또 다른 시도로 일부 외과의사는 성전환증 환자의 신체를 자기들 성정체감에 일치하도록 하기 위해 외과적인 절차를 사용해 왔다. 외과적인 수술을 통해 남성과 여성의 성기를 만들 수 있고 바꿀 수 있다. 이러한 방법 중 일부는 원래 사고로 성기를 상실했거나 양성이 동시에 나타나는 기형을 치료하기 위해 개발된 것이다. 인공 남근은 뱃살을 이식해서 관통 모양을 만들어 부착시킨다. 그러한 외과적 수술은 생리적인 이유예를 들면, 서서 오줌을 눌 수 있도록 하는 것, 삽입이 가능하도록 하는 것, 그리고 자극을 느낄 수 있도록 하는 것에서 뿐만 아니라 미용상의 이유즉, 남근을 닮은 기관을 부착시키는 것에서 실시한다. 비록 성적인 자극에 대해서 발기를 할 수 있도록 완전한 기능을 갖춘 성기를 만들 수는 없지만 뼈, 연골 혹은 실리콘 등으로 만든 제거 가능한 심을 넣으면 발기된 상태를 만들어 낼 수 있다. 여성에서 남성으로의 성전환 환자의 경우, 음순은 제거되지만 클리토리스는 손상되지 않고 남아 성적인 자극에 대한 일차적인 수용기로 남게 된다. 음낭 속의 고환처럼 보이도록 고형보철물이 삽입될 수도 있다. 성불편증을 가진 환자들에게 외과적인 치료절차를 사용하기 시작한 것은 1922년으로 거슬러 올라갈 수 있는데, 그 당시 여성에서 남성으로의 성전환증 환자에 대한 외과수술이 보고된 바 있다. 하지만 1951년 코펜하겐에서 남자에서 여자로 성전환 수술을 받은 크리스틴 조겐슨C. Jorgensen이라는 환자에 대해 보고했던 1953년 이전까지 성전환 수술은 대중의 별다른 주목을 받지 못했다. 하지만 크리스틴 조겐슨의 사례는 환자가 남근을 제거하고 여성의 성기를 만들기 여러 달 전부터 다량의 여성 성호르몬 치료를 받았다는 점에서 이전에 보고된 사례들과 달랐다. 이 보고서에 힘입어 유럽과 미국의 의과 대학에 수많은 성정체감 클리닉이 세워졌다. 가장 유명한 것 중의 하나는 1965년 존스 홉킨스 대학교에 설립된 클리닉이었다. 성전환 수술은 1960년대와 1970년대를 거치면서 빈번해졌다.

이러한 치료를 받은 사람의 정확한 수치는 알 수 없지만, 수천 명에 이를 것이라는 보고가 있다. 그리고 이러한 절차는 비교적 성공적이라는 다소 긍정적인 인상을 주었다. 사례연구에 따르면 대부분의 환자가 수술 결과에 만족했으며, 그들이 원하는 신체를 마침내 얻게 되어 안도했다고 한다. 많은 사람이 다른 성의 일원으로서 적응할 수 있었다고 보고했으며, 일부는 적절한 성관계를 맺고 결혼도 할 수 있었다고 보고했다. 비록 혼자 지내게 된 사례도 있었지만, 거의 아무도 자신의 원래 성기관을 잃었다는 슬픔에 잠기지 않았다고 보고했다. 가장 흔한 불만은 더 나은 의료적·외과적 절차에 대한 요구가 대부분이었다. 남성에서 여성으로의 성전환증 환자의 경우, 성기의 모양이나 기능을 개선해 달라는 요구가 있었으며, 그 외에도 가슴의 크기를 더 크게 해 주고 턱수염이 자라지 않도록 해 달라는 것 등이 있었다. 추수 연구에 따르면, 수술을 받은 사람들의 80%가 만족을 보였다고 한다. 성전환 수술을 받은 사람들을 면접조사한 결과, 대부분 결과에 만족했으며 대다수가 새로운 성으로 살아가는 데 앞으로 아무런 어려움이 없을 것이라고 믿고 있었다. 수술을 받은 환자들에게 실시한 심리검사는 이들의 우울과 불안 수준이 감소되었음을 보여 주었다.

비록 이러한 결과들이 다소 고무적이기는 하지만, 성전환 수술의 결과를 평가하는 데 사용했던 자료들과 관련된 몇 가지 제한점이 있다. 수술 후의 적응은 환자가 수술을 받았는지를 모르는 사람이 환자에 대한 직업적 평가와 사회기능적 평가를 하는 것으로 가려야 하는데, 수술의사의 전반적이고 주관적인 인상에 근거하여 환자의 적응 여부가 평가되는 경우가 많았다는 점이다. 거의 모든 연구에서 적절한 통제집단이 없었으며, 추수 연구 기간도 다소 짧은 경우가 많았다. 따라서 비관적인 수술 결과를 보고하는 연구들이 있다는 것은 놀라운 일이 아니다. 예를 들면, 환자들이 수술 결과에 대해서는 주관적으로 만족해하는 데도 불구하고, 많은 성전환자의 사회적 · 직업적 기능은 수술 후에 더 나아지지 않았다. 부분적으로 이러한 종류의 자료에 근거하여, 그리고 수술의 가치에 대한 의문 때문에 존스 홉킨스 대학교의 성정체감 클리닉에서는 1979년부터 성전환 수술을 중단하였다. 하지만 이러한 시술을 계속하는 다른 많은 센터는 여전히 남아 있다.

C의 경우에 남성으로 살고자 하는 그녀의 바람을 심리학자가 지지해 주어야 하는가? 아니면 여성으로서의 정체감을 받아들이도록 도와주면서 자신의 성정체감의 근거를 탐색해 보도록 격려해야 했을까? 수술 결과는 일치된 결과를 보이지 않는다. 어떤 성전환자는 성전환에 대해 더 긍정적으로 받아들이기도 하고, 어떤 성전환자는 또 그렇지 않은 경우도 있다. 수술을 통해 가장 이득을 볼 것으로 예상되는 사람들은 '강한 자아 강도와 손상되지 않은 현실 검증력'을 가진 사람들이라

는 특징이 있다. C는 이러한 기준에 부합되며, 따라서 수술 결과에 긍정적인 반응을 보이기 쉬운 환자에 속하는 것으로 보였다. 반면에, 그녀는 수술을 받지 않고도 이미 여자로서의 역할에 잘 적응하고 있었다. C가 더 여성적이 되도록 돕는 것이 그녀가 행동하는 것에서나 자기 자신에 대해 생각하는 것에 있어서 이득이 될 것이라고 믿을 만한 근거는 거의 없다. 또한 그녀의 신체에 대한 외과적인 변화가 더 나은 적응을 보장해 줄 것 같지도 않다는 데 고민이 있다. ❖

# 참고문헌

이정균(1994). 정신의학. 서울: 일조각.

채규만(2000). 성피해 심리치료. 서울: 학지사.


American Psychiatric Association (1952). *Diagnostic and Statistical Manual of Mental Disorders.* Arlington, VA: American Psychiatric Association.

American Psychiatric Association (1968). *Diagnostic and Statistical Manual of Mental Disorders* (2nd ed.). Arlington, VA: American Psychiatric Association.

American Psychiatric Association (1980). *Diagnostic and Statistical Manual of Mental Disorders* (3rd ed.). Arlington, VA: American Psychiatric Association.

American Psychiatric Association (1987). *Diagnostic and Statistical Manual of Mental Disorders* (3rd ed.-Rev.). Arlington, VA: American Psychiatric Association.

American Psychiatric Association (1994). *Diagnostic and Statistical Manual of Mental disorders* (4th ed.). Arlington, VA: American Psychiatric Association.

American Psychiatric Association (2013). *Diagnostic and Statistical Manual of Mental Disorders* (5th ed.). Arlington, VA: American

Psychiatric Association.

Gabbard, G. O. (1994). *Psychodynamic psychiatry in clinical practice.* Washington, D. C.: American Psychiatric Press.

Last, C. G., & Hersen, M. (1993). *Adult behavior therapy casebook.* New York: Plenum Press.

Oltmanns, T. F., & Neale, J. M., & Davison, G. C. (1995). *Case studies in abnormal psychology.* New York: John Wiley & Sons, Inc.

Spitzer, R. L., Gibbon, M., Skodol, A. E., Williams, J. B. W., & First, M. B. (1994). *DSM-IV Casebook.* Washington, D. C.: American Psychiatric Press.

# 찾아보기

## 《인 명》

Fenichel, O. 146

Freud, S. 146

Green, J. 247, 250

Jorgensen, C. 256

Kaplan, H. S. 150

Karpman, B. 181

Kohut, H. 149

McDougall, W. 148

Meyer, A. 244

Moher, D. 179

Stoller, L. M. 147, 249

von Sacher-Masoch, L. 155

《내 용》

ICD-10 199

**가**사상태 72
가성반음양증 213
가족치료 170
강간 81
거세에 대한 집착 213
결박 69
고문 81
고정시켜 놓고 찌르기 69
공중 방뇨 33
관음 장애 27, 38
관장애호증 128
구강성애 134
구타 69
굴욕 상태 69
근친상간 170
기타 심리성적 정체성 장애 199
꼬집기 81

**노**인기호증 104
노출 장애 27, 45
눈 가림 69

**다**른 사람 목 조르기 28

달리 분류되지 않는 성도착 장애
29
대뇌 장애 34
동물애호증 99, 128, 130
동성애자 16
때리기 81

**마**스터베이션 132
묶기 28
물품음란증 107

**반**사회성 성격장애 82
범불안장애 211
변태 13
변태성욕 14
복장도착적 현상 118
부부치료 169
분리불안 211
분변애호증 27, 112, 128
분열성 성격장애 112
불로 태우기 81

**사**지 구속 81
사회병질적 성격장애 26
살인 81

생식기 증후군 213
선천성 부신 과형성증 221
선천성 아드레날린 과식증 212
성 불쾌감 33
성격장애 26
성도착 장애 14, 24, 26
성도착증 26
성반전 기호증 121
성범죄 20
성불편증 126, 189, 244
성애물 장애 26, 27, 105
성역할 242
성적 변태 26
성적 연령 선호 103
성적 장애 243
성적 질환 31
성적 취향 242
성적 쾌락 96
성적가학 장애 27, 79
성적피학 장애 27, 69
성전환 수술 199
성전환증 199, 210, 242
성정체감 장애 243
소변애호증 128
소아기 심리성적 정체성 장애 199
소아기호증 26, 101
손으로 더듬기 69

손찌검 69
수간 130
시체애호증 27, 128, 132
신경증 146
신체부분도착증 134
신체절단애호증 133
심리성적 장애 20, 26

아동기적 거울상 156
아동성애 장애 23, 27, 94
아동의 성불편증 200
안드로겐 불감성 증후군 212, 213
약물중독 32
양성적 장애 213
엉덩이 때리기 28
여성 물건 수집 29
역동적 집단심리치료 172
역전이 163
염색체 장애 34
엿보기 38
오물도착증 112
오이디푸스 콤플렉스 34
옷 성애물 장애 116
외상전환 장애 27
음경절제술 211
음경혈량 측정법 31
의도적 질식 131

의상전환 장애 118
이례적 대상 선호 28
이례적 활동 선호 28
이성 복장 213
이성애 214
이중역할 복장도착증 199
입원치료 174

**자**기부조화감 150
자기색정사 76
자기심리학 149
자기여성화 도착증 119, 121
자르기 81
자아동조적 쾌락행동 146
자아이질적 동성애 215
잘라 내기 28
잠재성 동성애 215
재료 성애물 장애 115
저산소도착증 70, 128, 131
전기분해 요법 206
전기쇼크 69
전화외설증 128, 135
전희행동 58
절편음란증 107
접촉마찰 장애 27, 63
접촉마찰 장애증 66
접촉증 66

정상적인 성행위 24
정신분석적 치료 183
정신역동적 이론 180
정신장애 36
정신장애의 진단 및 통계 편람
　제5판 24
조증삽화 32
조현병 32
존스 홉킨스 성행동상담소 244
진단 27
질식기호증 72
찌르기 81

**채**찍질 28, 69
청소년 및 성인 심리성적 정체성 장
　애 199
청소년 및 성인의 성불편증 201
청소년기호증 103

**커**닐링거스 134
클라인펠러 증후군 213

**터**너 증후군 213
통찰 정신치료 35

**페**티시즘 119, 121
펠라치오 134

피학적 상상 69

**항**안드로겐 약물 164
행동수정 209
행동주의적 치료 183
행동치료 35

혐오요법 35
호르몬 장애 34
호모공포증 215
호모섹스 16
회피조건형성 216
훔쳐보기 42

## ◎ 저자 소개

신희천(Heecheon Shin)
서울대학교 심리학과를 졸업하고 동 대학원에서 상담심리학 전공으로 석사학위와 박사학위를 받았다. 한국심리학회 공인 상담심리전문가이며, 현재 아주대학교 심리학과 상담전공 교수로 재직 중이다. 치료적 관계에 관한 논문과 인간중심 치료에 관한 공동 저서가 있다.

ABNORMAL PSYCHOLOGY 16

# 성도착 장애와 성불편증 비뚤어진 성의 노예

Paraphilic Disorders and Gender Dysphoria

2000년 11월 25일 1판 1쇄 발행
2012년 6월 20일 1판 4쇄 발행

2017년 1월 25일 2판 1쇄 발행
2024년 3월 25일 2판 3쇄 발행

지은이 • 신 희 천

펴낸이 • 김 진 환

펴낸곳 • (주) **학 지 사**

04031 서울특별시 마포구 양화로 15길 20 마인드월드빌딩 5층

대표전화 • 02) 330-5114    팩스 • 02) 324-2345

등록번호 • 제313-2006-000265호

홈페이지 • http://www.hakjisa.co.kr
인스타그램 • https://www.instagram.com/hakjisabook

ISBN 978-89-997-1016-2 94180
ISBN 978-89-997-1000-1 (set)

정가 9,500원

■ 출판미디어기업 **학 지 사**

간호보건의학출판 **학지사메디컬** www.hakjisamd.co.kr
심리검사연구소 **인싸이트** www.inpsyt.co.kr
학술논문서비스 **뉴논문** www.newnonmun.com
원격교육연수원 **카운피아** www.counpia.com